日本人のための＜基礎＞ハングルを学ぼう

일본인을 위한

기초 한글배우기

① 기초편

第1号 基礎編

권용선 저

일본어로 한글배우기

日本語でハングルを学ぼう

■ 세종대왕(조선 제4대 왕)
世宗大王
(朝鮮の第4代国王)

대한민국 대표한글
K-한글
www.k-hangul.kr

유네스코 세계문화유산
ユネスコ世界文化遺産

■ 세종대왕 탄신 627돌(2024.5.15) 숭모제전
- 분향(焚香) 및 헌작(獻爵), 독축(讀祝), 사배(四拜), 헌화(獻花),
  망료례(望燎禮), 예필(禮畢), 인사말씀(국무총리)

■ 무용 : 봉래의(鳳來儀) | 국립국악원 무용단
- '용비어천가'의 가사를 무용수들이 직접 노래하고 춤을 춤으로써
  비로소 시(詩), 가(歌), 무(舞)가 합일하는 악(樂)을 완성하는 장면

■ 영릉(세종·소헌왕후)
조선 제4대 세종대왕과 소헌왕후 심씨를 모신 합장릉이다.
세종대왕은 한글을 창제하고 혼천의를 비롯한 여러 과학기기를 발명하는 등 재위기간 중 뛰어난 업적을
이룩하였다.

■ 소재지(Location): 대한민국 경기도 여주시 세종대왕면 영릉로 269-10

■ 대표 업적
- 한글 창제: 1443년(세종 25년)~1446년 9월 반포
- 학문 창달
- 과학의 진흥
- 외치와 국방
- 음악의 정리
- 속육전 등의 법전 편찬 및 정리
- 각종 화학 무기 개발

※ユネスコ世界文化遺産※
■ 英陵(世宗·昭憲王后)
朝鮮の第4代国王、世宗大王と昭憲王后沈氏を祀る合葬陵である。
世宗大王はハングル文字を創製し、渾天儀をはじめとする様々な科学機器を発明するなど、在位期
間にわたって優れた業績を挙げた。

■ 所在地(Location)：大韓民国 京畿道 驪州市 世宗大王面 英陵路 269-10

■ 代表的な業績
- ハングル文字の創造：1443年(世宗25年)~1446年9月に頒布
- 学問の発展
- 科学の振興
- 外治・国防
- 音楽の整理
-『統六典』など法典の編纂・整理
- 各種化学武器の開発

머리말 はじめに

Let's learn Hangul!

ハングルは、14の子音と10の母音、そして複合子音と複合母音が組み合わさることにより文字が形成され、音を表すようになります。ハングルの組み合わせには約11,170字のバリエーションがありますが、その中で主に使われるものは30%ほどです。
この本では、実際の生活において頻繁に使用される韓国語を基に内容を構成しており、次のような事柄を中心にして開発されています。

■ ハングルの基礎となる子音と母音を学ぶ基本的な学習内容で構成されています。
■ ハングルの書き順を表示することで、正しくハングルを使用するための礎を固められるようにしています。
■ 繰り返し書き取り練習をすることで、自然に韓国語を習得できるよう、「書くこと」に重点を置いたつくりになっています。
■ ホームページ(www.K-hangul.kr)に、教材と並行して学習できる資料を提供しています。
■ 韓国の日常生活で頻繁に用いられる文字や単語を中心に内容が構成されています。
■ 使用頻度の高くないハングルに対する内容は抑え、欠かせない重要な内容のみをまとめました。

この本はハングルを学ぶにあたって基本となる教材ですので、ここにある内容を抜かりなく体得すると、ハングルだけでなく韓国の文化や精神まで幅広く理解することができるようになるでしょう。
お読みくださいまして、ありがとうございます。

k-hangul Publisher: Kwon, Yong-sun

한글은 자음 14자, 모음 10자 그 외에 겹자음과 겹모음의 조합으로 글자가 이루어지며 소리를 갖게 됩니다. 한글 조합자는 약 11,170자로 이루어져 있는데, 그중 30% 정도가 주로 사용되고 있습니다. 이 책은 실생활에서 자주 사용하는 우리말을 토대로 내용을 구성하였고, 다음 사항을 중심으로 개발되었습니다.

■ 한글의 자음과 모음을 기초로 배우는 기본학습내용으로 이루어져 있습니다.
■ 한글의 필순을 제시하여 올바른 한글 사용의 기초를 튼튼히 다지도록 했습니다.
■ 반복적인 쓰기 학습을 통해 자연스레 한글을 습득할 수 있도록 '쓰기'에 많은 지면을 할애하였습니다.
■ 홈페이지(www.k-hangul.kr)에 교재와 병행 학습할 수 있는 자료를 제공하고 있습니다.
■ 한국의 일상생활에서 자주 사용되는 글자나 낱말을 중심으로 내용을 구성하였습니다.
■ 사용빈도가 높지 않은 한글에 대한 내용은 줄이고 꼭 필요한 내용만 수록하였습니다.

언어를 배우는 것은 문화를 배우는 것이며, 사고의 폭을 넓히는 계기가 됩니다. 이 책은 한글 학습에 기본이 되는 교재이므로 내용을 꼼꼼하게 터득하면 한글은 물론 한국의 문화와 정신까지 폭넓게 이해하게 될 것입니다.

※참고 : 본 교재는 ❶기초편으로, ❷문장편 ❸대화편 ❹생활 편으로 구성되어 출간 판매 중에 있습니다.
※参考 : 本教材は❶基礎編であり、❷文章編、❸対話編、❹生活編という構成で販売中です。

※판매처 : 교보문고, 알라딘, yes24, 네이버, 쿠팡 등
※取扱店 : 教保文庫、aladin、YES24、NAVER、クーパンなど

저자 권용선

차례 もくじ

제1장

자음

第1章
子音

자음 [子音]

월   일

자음 읽기 [子音を読もう]

ㄱ	ㄴ	ㄷ	ㄹ	ㅁ
기역(Giyeok)	니은(Nieun)	디귿(Digeut)	리을(Rieul)	미음(Mieum)
ㅂ	ㅅ	ㅇ	ㅈ	ㅊ
비읍(Bieup)	시옷(Siot)	이응(Ieung)	지읒(Jieut)	치읓(Chieut)
ㅋ	ㅌ	ㅍ	ㅎ	
키읔(Kieuk)	티읕(Tieut)	피읖(Pieup)	히읗(Hieut)	

자음 쓰기 [子音を書こう]

ㄱ	ㄴ	ㄷ	ㄹ	ㅁ
기역(Giyeok)	니은(Nieun)	디귿(Digeut)	리을(Rieul)	미음(Mieum)
ㅂ	ㅅ	ㅇ	ㅈ	ㅊ
비읍(Bieup)	시옷(Siot)	이응(Ieung)	지읒(Jieut)	치읓(Chieut)
ㅋ	ㅌ	ㅍ	ㅎ	
키읔(Kieuk)	티읕(Tieut)	피읖(Pieup)	히읗(Hieut)	

02

자음 [子音]

월   일

자음 익히기 [子音の練習]

다음 자음을 쓰는 순서에 맞게 따라 쓰세요.
(以下の子音を、書き順を守って書き取ってみましょう。)

자음 子音	이름 名前	쓰는 순서 書き順	영어 표기 ローマ字表記	쓰기 書き取り					
ㄱ	기역		Giyeok	ㄱ					
ㄴ	니은		Nieun	ㄴ					
ㄷ	디귿		Digeut	ㄷ					
ㄹ	리을		Rieul	ㄹ					
ㅁ	미음		Mieum	ㅁ					
ㅂ	비읍		Bieup	ㅂ					
ㅅ	시옷		Siot	ㅅ					
ㅇ	이응		Ieung	ㅇ					
ㅈ	지읒		Jieut	ㅈ					
ㅊ	치읓		Chieut	ㅊ					
ㅋ	키읔		Kieuk	ㅋ					
ㅌ	티읕		Tieut	ㅌ					
ㅍ	피읖		Pieup	ㅍ					
ㅎ	히읗		Hieut	ㅎ					

03 한글 자음과 모음표 [ハングルの子音と母音の表]

월   일

※ 참고 : 음절표(18p~37P)에서 학습할 내용

mp3 자음 모음	ㅏ (아)	ㅑ (야)	ㅓ (어)	ㅕ (여)	ㅗ (오)	ㅛ (요)	ㅜ (우)	ㅠ (유)	ㅡ (으)	ㅣ (이)
ㄱ (기역)	가	갸	거	겨	고	교	구	규	그	기
ㄴ (니은)	나	냐	너	녀	노	뇨	누	뉴	느	니
ㄷ (디귿)	다	댜	더	뎌	도	됴	두	듀	드	디
ㄹ (리을)	라	랴	러	려	로	료	루	류	르	리
ㅁ (미음)	마	먀	머	며	모	묘	무	뮤	므	미
ㅂ (비읍)	바	뱌	버	벼	보	뵤	부	뷰	브	비
ㅅ (시옷)	사	샤	서	셔	소	쇼	수	슈	스	시
ㅇ (이응)	아	야	어	여	오	요	우	유	으	이
ㅈ (지읒)	자	쟈	저	겨	조	죠	주	쥬	즈	지
ㅊ (치읓)	차	챠	처	쳐	초	쵸	추	츄	츠	치
ㅋ (키읔)	카	캬	커	켜	코	쿄	쿠	큐	크	키
ㅌ (티읕)	타	탸	터	텨	토	툐	투	튜	트	티
ㅍ (피읖)	파	퍄	퍼	펴	포	표	푸	퓨	프	피
ㅎ (히읗)	하	햐	허	혀	호	효	후	휴	흐	히

제2장

모음

第2章
母音

01 모음 [母音]

모음 읽기 [母音を読もう]

ㅏ	ㅑ	ㅓ	ㅕ	ㅗ
아(A)	야(Ya)	어(Eo)	여(Yeo)	오(O)
ㅛ	ㅜ	ㅠ	ㅡ	ㅣ
요(Yo)	우(U)	유(Yu)	으(Eu)	이(I)

모음 쓰기 [母音を書こう]

①ㅏ②	①ㅑ②③	①②ㅓ	①②ㅕ③	①②ㅗ
아(A)	야(Ya)	어(Eo)	여(Yeo)	오(O)
①②ㅛ③	①ㅜ②	①②③ㅠ	①ㅡ	①ㅣ
요(Yo)	우(U)	유(Yu)	으(Eu)	이(I)

O2 모음 [母音]

월   일

모음 익히기 [母音の練習]

다음 모음을 쓰는 순서에 맞게 따라 쓰세요.
(以下の母音を、書き順を守って書き取ってみましょう。)

모음 母音	이름 名前	쓰는 순서 書き順	영어 표기 ローマ字表記	쓰기 書き取り				
ㅏ	아		A	ㅏ				
ㅑ	야		Ya	ㅑ				
ㅓ	어		Eo	ㅓ				
ㅕ	여		Yeo	ㅕ				
ㅗ	오		O	ㅗ				
ㅛ	요		Yo	ㅛ				
ㅜ	우		U	ㅜ				
ㅠ	유		Yu	ㅠ				
ㅡ	으		Eu	ㅡ				
ㅣ	이		I	ㅣ				

유네스코 세계기록유산
UNESCO Memory of the World

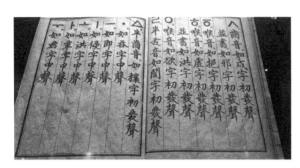 

- 훈민정음(訓民正音) : 새로 창제된 훈민정음을 1446년(세종 28) 정인지 등 집현전 학사들이 저술한 한문해설서이다. 해례가 붙어 있어서〈훈민정음 해례본 訓民正音 解例本〉이라고도 하며 예의(例義), 해례(解例), 정인지 서문으로 구성되어 있다. 특히 서문에는 **훈민정음을 만든 이유,** 편찬자, 편년월일, 우수성을 기록하고 있다. 1997년 유네스코 세계기록유산으로 등록되었다.

■ 훈민정음(訓民正音)을 만든 이유
- 훈민정음은 백성을 가르치는 바른 소리 -

훈민정음 서문에 나오는 '나랏말씀이 중국과 달라 한자와 서로 통하지 않는다.' 는 말은 풍속과 기질이 달라 성음(聲音)이 서로 같지 않게 된다는 것이다.
"이런 이유로 어리석은 백성이 말하고 싶은 것이 있어도 마침내 제 뜻을 표현하지 못하는 사람이 많다. 이를 불쌍히 여겨 새로 28자를 만들었으니 사람마다 쉽게 익혀 씀에 편하게 할 뿐이다."
지혜로운 사람은 아침나절이 되기 전에 이해하고 어리석은 사람도 열흘이면 배울 수 있는 훈민정음은 바람소리, 학의 울음이나 닭 울음소리, 개 짖는 소리까지 모두 표현해 쓸 수 있어 지구상의 모든 문자 가운데 가장 창의적이고 과학적이라는 찬사를 받는 문자이다.

세종 28년

■ 세종대왕 약력
 - 조선 제4대 왕
 - 이름: 이도
 - 출생지: 서울(한양)
 - 생년월일: 1397년 5월 15일~1450년 2월 17일
 - 재위 기간: 1418년 8월~1450년 2월(31년 6개월)

■ 訓民正音を作った理由
-「訓民正音」とは「民を訓(おし)える正しい音」-

『訓民正音』の序文にある「わが国の語音は中国とは異なり、漢文・漢字と互いに通じない」というのは、両国の風俗や気質が異なるため声音が異なることを意味する。
「そのため愚かな民は言いたいことがあっても、その意を述べることのできない者が多い。私はこれを哀れに思い、新たに28字を作ったが、ただ人々が簡単に習い、日々用いるのに便利なようにさせたいだけである。」
賢い人は朝になる前に理解でき、愚かな人でも10日で学べる訓民正音は、風の音、鶴や鶏の鳴き声、犬の鳴き声まですべて表現することができるため、世界中のあらゆる文字の中で最も独創的で科学的な文字だという賛辞を与えられている。

- 世宗28年 -

■ 世宗大王の略歴
- 朝鮮の第4代国王
- 名前： イ・ド(李祹)
- 出生地： ソウル(漢陽)
- 生年月日： 1397年5月15日~1450年2月17日
- 在位期間： 1418年8月~1450年2月(31年6か月)

제3장

겹자음과
겹모음

第3章
複合子音と複合母音

01 겹자음 [複合子音]

월   일

겹자음 읽기 [複合子音を読もう]

ㄲ	ㄸ	ㅃ	ㅆ	ㅉ
쌍기역 (Ssanggiyeok)	쌍디귿 (Ssangdigeut)	쌍비읍 (Ssangbieup)	쌍시옷 (Ssangsiot)	쌍지읒 (Ssangjieut)

겹자음 쓰기 [複合子音を書こう]

ㄲ	ㄸ	ㅃ	ㅆ	ㅉ
쌍기역 (Ssanggiyeok)	쌍디귿 (Ssangdigeut)	쌍비읍 (Ssangbieup)	쌍시옷 (Ssangsiot)	쌍지읒 (Ssangjieut)

겹자음 익히기 [複合子音の練習]

다음 겹자음을 쓰는 순서에 맞게 따라 쓰세요.
(以下の複合子音を、書き順を守って書き取ってみましょう。)

겹자음 複合子音	이름 名前	쓰는 순서 書き順	영어 표기 ローマ字表記	쓰기 書き取り				
ㄲ	쌍기역		Ssanggiyeok	ㄲ				
ㄸ	쌍디귿		Ssangdigeut	ㄸ				
ㅃ	쌍비읍		Ssangbieup	ㅃ				
ㅆ	쌍시옷		Ssangsiot	ㅆ				
ㅉ	쌍지읒		Ssangjieut	ㅉ				

02 겹모음 [複合母音]

월   일

겹모음 읽기 [複合母音を読もう]

ㅐ	ㅔ	ㅒ	ㅖ	ㅘ
애(Ae)	에(E)	얘(Yae)	예(Ye)	와(Wa)
ㅙ	ㅚ	ㅝ	ㅞ	ㅟ
왜(Wae)	외(Oe)	워(Wo)	웨(We)	위(Wi)
ㅢ				
의(Ui)				

겹모음 쓰기 [複合母音を書こう]

애(Ae)	에(E)	얘(Yae)	예(Ye)	와(Wa)
왜(Wae)	외(Oe)	워(Wo)	웨(We)	위(Wi)
의(Ui)				

O2

겹모음 [複合母音]

월   일

겹모음 익히기 [複合母音の練習]

다음 겹모음을 쓰는 순서에 맞게 따라 쓰세요.
(以下の複合母音を、書き順を守って書き取ってみましょう。)

겹모음 複合母音	이름 名前	쓰는 순서 書き順	영어 표기 ローマ字表記	쓰기 書き取り				
ㅐ	애		Ae	ㅐ				
ㅔ	에		E	ㅔ				
ㅒ	애		Yae	ㅒ				
ㅖ	예		Ye	ㅖ				
ㅘ	와		Wa	ㅘ				
ㅙ	왜		Wae	ㅙ				
ㅚ	외		Oe	ㅚ				
ㅝ	워		Wo	ㅝ				
ㅞ	웨		We	ㅞ				
ㅟ	위		Wi	ㅟ				
ㅢ	의		Ui	ㅢ				

제4장

음절표

第4章
音節表

01 자음+모음(ㅏ) [子音+母音(ㅏ)]

자음+모음(ㅏ) 읽기 [子音+母音(ㅏ)を読もう]

가	나	다	라	마
Ga	Na	Da	Ra	Ma
바	사	아	자	차
Ba	Sa	A	Ja	Cha
카	타	파	하	
Ka	Ta	Pa	Ha	

자음+모음(ㅏ) 쓰기 [子音+母音(ㅏ)を書こう]

가	나	다	라	마
Ga	Na	Da	Ra	Ma
바	사	아	자	차
Ba	Sa	A	Ja	Cha
카	타	파	하	
Ka	Ta	Pa	Ha	

자음+모음(ㅏ) [子音+母音(ㅏ)]

자음+모음(ㅏ) 익히기 [子音+母音(ㅏ)の練習]

다음 자음+모음(ㅏ)을 쓰는 순서에 맞게 따라 쓰세요.
(以下の子音＋母音(ㅏ)を、書き順を守って書き取ってみましょう。)

자음+모음(ㅏ)	이름	쓰는 순서	영어 표기	쓰기					
ㄱ+ㅏ	가	가	Ga	가					
ㄴ+ㅏ	나	나	Na	나					
ㄷ+ㅏ	다	다	Da	다					
ㄹ+ㅏ	라	라	Ra	라					
ㅁ+ㅏ	마	마	Ma	마					
ㅂ+ㅏ	바	바	Ba	바					
ㅅ+ㅏ	사	사	Sa	사					
ㅇ+ㅏ	아	아	A	아					
ㅈ+ㅏ	자	자	Ja	자					
ㅊ+ㅏ	차	차	Cha	차					
ㅋ+ㅏ	카	카	Ka	카					
ㅌ+ㅏ	타	타	Ta	타					
ㅍ+ㅏ	파	파	Pa	파					
ㅎ+ㅏ	하	하	Ha	하					

02 자음+모음(ㅓ) [子音+母音(ㅓ)]

월   일

자음+모음(ㅓ) 읽기 [子音+母音(ㅓ)を読もう]

거	너	더	러	머
Geo	Neo	Deo	Reo	Meo
버	서	어	저	처
Beo	Seo	Eo	Jeo	Cheo
커	터	퍼	허	
Keo	Teo	Peo	Heo	

자음+모음(ㅓ) 쓰기 [子音+母音(ㅓ)を書こう]

거	너	더	러	머
Geo	Neo	Deo	Reo	Meo
버	서	어	저	처
Beo	Seo	Eo	Jeo	Cheo
커	터	퍼	허	
Keo	Teo	Peo	Heo	

O2 자음+모음(ㅓ) [子音＋母音(ㅓ)]

월   일

자음+모음(ㅓ) 익히기 [子音＋母音(ㅓ)の練習]

다음 자음+모음(ㅓ)을 쓰는 순서에 맞게 따라 쓰세요.
(以下の子音＋母音(ㅓ)を、書き順を守って書き取ってみましょう。)

자음+모음(ㅓ)	이름	쓰는 순서	영어 표기	쓰기				
ㄱ+ㅓ	거	거	Geo	거				
ㄴ+ㅓ	너	너	Neo	너				
ㄷ+ㅓ	더	더	Deo	더				
ㄹ+ㅓ	러	러	Reo	러				
ㅁ+ㅓ	머	머	Meo	머				
ㅂ+ㅓ	버	버	Beo	버				
ㅅ+ㅓ	서	서	Seo	서				
ㅇ+ㅓ	어	어	Eo	어				
ㅈ+ㅓ	저	저	Jeo	저				
ㅊ+ㅓ	처	처	Cheo	처				
ㅋ+ㅓ	커	커	Keo	커				
ㅌ+ㅓ	터	터	Teo	터				
ㅍ+ㅓ	퍼	퍼	Peo	퍼				
ㅎ+ㅓ	허	허	Heo	허				

자음+모음(ㅗ) [子音+母音(ㅗ)]

월   일

자음+모음(ㅗ) 읽기 [子音+母音(ㅗ)を読もう]

고	노	도	로	모
Go	No	Do	Ro	Mo
보	소	오	조	초
Bo	So	O	Jo	Cho
코	토	포	호	
Ko	To	Po	Ho	

자음+모음(ㅗ) 쓰기 [子音+母音(ㅗ)を書こう]

고	노	도	로	모
Go	No	Do	Ro	Mo
보	소	오	조	초
Bo	So	O	Jo	Cho
코	토	포	호	
Ko	To	Po	Ho	

03 자음+모음(ㅗ) [子音+母音(ㅗ)]

월 일

자음+모음(ㅗ) 익히기 [子音+母音(ㅗ)の練習]

다음 자음+모음(ㅗ)을 쓰는 순서에 맞게 따라 쓰세요.
(以下の子音＋母音(ㅗ)を、書き順を守って書き取ってみましょう。)

자음+모음(ㅗ)	이름	쓰는 순서	영어 표기	쓰기			
ㄱ+ㅗ	고	고	Go	고			
ㄴ+ㅗ	노	노	No	노			
ㄷ+ㅗ	도	도	Do	도			
ㄹ+ㅗ	로	로	Ro	로			
ㅁ+ㅗ	모	모	Mo	모			
ㅂ+ㅗ	보	보	Bo	보			
ㅅ+ㅗ	소	소	So	소			
ㅇ+ㅗ	오	오	O	오			
ㅈ+ㅗ	조	조	Jo	조			
ㅊ+ㅗ	초	초	Cho	초			
ㅋ+ㅗ	코	코	Ko	코			
ㅌ+ㅗ	토	토	To	토			
ㅍ+ㅗ	포	포	Po	포			
ㅎ+ㅗ	호	호	Ho	호			

자음+모음(ㅜ) [子音+母音(ㅜ)]

자음+모음(ㅜ) 읽기 [子音+母音(ㅜ)を読もう]

구	누	두	루	무
Gu	Nu	Du	Ru	Mu
부	수	우	주	추
Bu	Su	U	Ju	Chu
쿠	투	푸	후	
Ku	Tu	Pu	Hu	

자음+모음(ㅜ) 쓰기 [子音+母音(ㅜ)を書こう]

구	누	두	루	무
Gu	Nu	Du	Ru	Mu
부	수	우	주	추
Bu	Su	U	Ju	Chu
쿠	투	푸	후	
Ku	Tu	Pu	Hu	

04 자음+모음(ㅜ) [子音+母音(ㅜ)]

월   일

자음+모음(ㅜ) 익히기 [子音+母音(ㅜ)の練習]

다음 자음+모음(ㅜ)을 쓰는 순서에 맞게 따라 쓰세요.
(以下の子音+母音(ㅜ)を、書き順を守って書き取ってみましょう。)

자음+모음(ㅜ)	이름	쓰는 순서	영어 표기	쓰기					
ㄱ+ㅜ	구	구	Gu	구					
ㄴ+ㅜ	누	누	Nu	누					
ㄷ+ㅜ	두	두	Du	두					
ㄹ+ㅜ	루	루	Ru	루					
ㅁ+ㅜ	무	무	Mu	무					
ㅂ+ㅜ	부	부	Bu	부					
ㅅ+ㅜ	수	수	Su	수					
ㅇ+ㅜ	우	우	U	우					
ㅈ+ㅜ	주	주	Ju	주					
ㅊ+ㅜ	추	추	Chu	추					
ㅋ+ㅜ	쿠	쿠	Ku	쿠					
ㅌ+ㅜ	투	투	Tu	투					
ㅍ+ㅜ	푸	푸	Pu	푸					
ㅎ+ㅜ	후	후	Hu	후					

05 자음+모음(ㅡ) [子音＋母音(ㅡ)]

월　　일

자음+모음(ㅡ) 읽기 [子音＋母音(ㅡ)を読もう]

ㄱ	ㄴ	ㄷ	ㄹ	ㅁ
Geu	Neu	Deu	Reu	Meu
ㅂ	ㅅ	ㅇ	ㅈ	ㅊ
Beu	Seu	Eu	Jeu	Cheu
ㅋ	ㅌ	ㅍ	ㅎ	
Keu	Teu	Peu	Heu	

자음+모음(ㅡ) 쓰기 [子音＋母音(ㅡ)を書こう]

ㄱ	ㄴ	ㄷ	ㄹ	ㅁ
Geu	Neu	Deu	Reu	Meu
ㅂ	ㅅ	ㅇ	ㅈ	ㅊ
Beu	Seu	Eu	Jeu	Cheu
ㅋ	ㅌ	ㅍ	ㅎ	
Keu	Teu	Peu	Heu	

05 자음+모음(ㅡ) [子音+母音(ㅡ)]

월   일

자음+모음(ㅡ) 익히기 [子音+母音(ㅡ)の練習]

다음 자음+모음(ㅡ)을 쓰는 순서에 맞게 따라 쓰세요.
(以下の子音+母音(ㅡ)を、書き順を守って書き取ってみましょう。)

자음+모음(ㅡ)	이름	쓰는 순서	영어 표기	쓰기				
ㄱ+ㅡ	그	그	Geu	그				
ㄴ+ㅡ	느	느	Neu	느				
ㄷ+ㅡ	드	드	Deu	드				
ㄹ+ㅡ	르	르	Reu	르				
ㅁ+ㅡ	므	므	Meu	므				
ㅂ+ㅡ	브	브	Beu	브				
ㅅ+ㅡ	스	스	Seu	스				
ㅇ+ㅡ	으	으	Eu	으				
ㅈ+ㅡ	즈	즈	Jeu	즈				
ㅊ+ㅡ	츠	츠	Cheu	츠				
ㅋ+ㅡ	크	크	Keu	크				
ㅌ+ㅡ	트	트	Teu	트				
ㅍ+ㅡ	프	프	Peu	프				
ㅎ+ㅡ	흐	흐	Heu	흐				

자음+모음(ㅑ) [子音+母音(ㅑ)]

월   일

자음+모음(ㅑ) 읽기 [子音+母音(ㅑ)を読もう]

갸	냐	댜	랴	먀
Gya	Nya	Dya	Rya	Mya
뱌	샤	야	쟈	챠
Bya	Sya	Ya	Jya	Chya
캬	탸	퍄	햐	
Kya	Tya	Pya	Hya	

자음+모음(ㅑ) 쓰기 [子音+母音(ㅑ)を書こう]

갸	냐	댜	랴	먀
Gya	Nya	Dya	Rya	Mya
뱌	샤	야	쟈	챠
Bya	Sya	Ya	Jya	Chya
캬	탸	퍄	햐	
Kya	Tya	Pya	Hya	

06 자음＋모음(ㅑ) [子音＋母音(ㅑ)]

월   일

자음＋모음(ㅑ) 익히기 [子音＋母音(ㅑ)の練習]

다음 자음＋모음(ㅑ)을 쓰는 순서에 맞게 따라 쓰세요.
(以下の子音＋母音(ㅑ)を、書き順を守って書き取ってみましょう。)

자음＋모음(ㅑ)	이름	쓰는 순서	영어 표기	쓰기				
ㄱ＋ㅑ	갸	갸	Gya	갸				
ㄴ＋ㅑ	냐	냐	Nya	냐				
ㄷ＋ㅑ	댜	댜	Dya	댜				
ㄹ＋ㅑ	랴	랴	Rya	랴				
ㅁ＋ㅑ	먀	먀	Mya	먀				
ㅂ＋ㅑ	뱌	뱌	Bya	뱌				
ㅅ＋ㅑ	샤	샤	Sya	샤				
ㅇ＋ㅑ	야	야	Ya	야				
ㅈ＋ㅑ	쟈	쟈	Jya	쟈				
ㅊ＋ㅑ	챠	챠	Chya	챠				
ㅋ＋ㅑ	캬	캬	Kya	캬				
ㅌ＋ㅑ	탸	탸	Tya	탸				
ㅍ＋ㅑ	퍄	퍄	Pya	퍄				
ㅎ＋ㅑ	햐	햐	Hya	햐				

07 자음+모음(ㅕ) [子音+母音(ㅕ)]

월   일

자음+모음(ㅕ) 읽기 [子音+母音(ㅕ)を読もう]

겨	녀	뎌	려	며
Gyeo	Nyeo	Dyeo	Ryeo	Myeo
벼	셔	여	져	쳐
Byeo	Syeo	Yeo	Jyeo	Chyeo
켜	텨	펴	혀	
Kya	Tyeo	Pyeo	Hyeo	

자음+모음(ㅕ) 쓰기 [子音+母音(ㅕ)を書こう]

겨	녀	뎌	려	며
Gyeo	Nyeo	Dyeo	Rya	Myeo
벼	셔	여	져	쳐
Byeo	Syeo	Yeo	Jyeo	Chyeo
켜	텨	펴	혀	
Kyeo	Tyeo	Pyeo	Hyeo	

07 자음+모음(ㅕ) [子音+母音(ㅕ)]

월   일

자음+모음(ㅕ) 익히기 [子音+母音(ㅕ)の練習]

다음 자음+모음(ㅕ)을 쓰는 순서에 맞게 따라 쓰세요.
(以下の子音+母音(ㅕ)を、書き順を守って書き取ってみましょう。)

자음+모음(ㅕ)	이름	쓰는 순서	영어 표기	쓰기			
ㄱ+ㅕ	겨		Gyeo	겨			
ㄴ+ㅕ	녀		Nyeo	녀			
ㄷ+ㅕ	뎌		Dyeo	뎌			
ㄹ+ㅕ	려		Ryeo	려			
ㅁ+ㅕ	며		Myeo	며			
ㅂ+ㅕ	벼		Byeo	벼			
ㅅ+ㅕ	셔		Syeo	셔			
ㅇ+ㅕ	여		Yeo	여			
ㅈ+ㅕ	져		Jyeo	져			
ㅊ+ㅕ	쳐		Chyeo	쳐			
ㅋ+ㅕ	켜		Kyeo	켜			
ㅌ+ㅕ	텨		Tyeo	텨			
ㅍ+ㅕ	펴		Pyeo	펴			
ㅎ+ㅕ	혀		Hyeo	혀			

08 자음+모음(ㅛ) [子音＋母音(ㅛ)]

월 일

자음+모음(ㅛ) 읽기 [子音＋母音(ㅛ)を読もう]

교	뇨	됴	료	묘
Gyo	Nyo	Dyo	Ryo	Myo
뵤	쇼	요	죠	쵸
Byo	Syo	Yo	Jyo	Chyo
쿄	툐	표	효	
Kyo	Tyo	Pyo	Hyo	

자음+모음(ㅛ) 쓰기 [子音＋母音(ㅛ)を書こう]

교	뇨	됴	료	묘
Gyo	Nyo	Dyo	Ryo	Myo
뵤	쇼	요	죠	쵸
Byo	Syo	Yo	Jyo	Chyo
쿄	툐	표	효	
Kyo	Tyo	Pyo	Hyo	

08 자음+모음(ㅛ) [子音＋母音(ㅛ)]

자음+모음(ㅛ) 익히기 [子音＋母音(ㅛ)の練習]

다음 자음+모음(ㅛ)을 쓰는 순서에 맞게 따라 쓰세요.
(以下の子音＋母音(ㅛ)を、書き順を守って書き取ってみましょう。)

자음+모음(ㅛ)	이름	쓰는 순서	영어 표기	쓰기			
ㄱ+ㅛ	교		Gyo	교			
ㄴ+ㅛ	뇨		Nyo	뇨			
ㄷ+ㅛ	됴		Dyo	됴			
ㄹ+ㅛ	료		Ryo	료			
ㅁ+ㅛ	묘		Myo	묘			
ㅂ+ㅛ	뵤		Byo	뵤			
ㅅ+ㅛ	쇼		Syo	쇼			
ㅇ+ㅛ	요		Yo	요			
ㅈ+ㅛ	죠		Jyo	죠			
ㅊ+ㅛ	쵸		Chyo	쵸			
ㅋ+ㅛ	쿄		Kyo	쿄			
ㅌ+ㅛ	툐		Tyo	툐			
ㅍ+ㅛ	표		Pyo	표			
ㅎ+ㅛ	효		Hyo	효			

자음+모음(ㅠ) [子音＋母音(ㅠ)]

자음+모음(ㅠ) 읽기 [子音＋母音(ㅠ)を読もう]

규	뉴	듀	류	뮤
Gyu	Nyu	Dyu	Ryu	Myu
뷰	슈	유	쥬	츄
Byu	Syu	Yu	Jyu	Chyu
큐	튜	퓨	휴	
Kyu	Tyu	Pyu	Hyu	

자음+모음(ㅠ) 쓰기 [子音＋母音(ㅠ)を書こう]

규	뉴	듀	류	뮤
Gyu	Nyu	Dyu	Ryu	Myu
뷰	슈	유	쥬	츄
Byu	Syu	Yu	Jyu	Chyu
큐	튜	퓨	휴	
Kyu	Tyu	Pyu	Hyu	

09 자음+모음(ㅠ) [子音+母音(ㅠ)]

월   일

자음+모음(ㅠ) 익히기 [子音+母音(ㅠ)の練習]

다음 자음+모음(ㅠ)을 쓰는 순서에 맞게 따라 쓰세요.
(以下の子音＋母音(ㅠ)を、書き順を守って書き取ってみましょう。)

자음+모음(ㅠ)	이름	쓰는 순서	영어 표기	쓰기
ㄱ+ㅠ	규	규	Gyu	규
ㄴ+ㅠ	뉴	뉴	Nyu	뉴
ㄷ+ㅠ	듀	듀	Dyu	듀
ㄹ+ㅠ	류	류	Ryu	류
ㅁ+ㅠ	뮤	뮤	Myu	뮤
ㅂ+ㅠ	뷰	뷰	Byu	뷰
ㅅ+ㅠ	슈	슈	Syu	슈
ㅇ+ㅠ	유	유	Yu	유
ㅈ+ㅠ	쥬	쥬	Jyu	쥬
ㅊ+ㅠ	츄	츄	Chyu	츄
ㅋ+ㅠ	큐	큐	Kyu	큐
ㅌ+ㅠ	튜	튜	Tyu	튜
ㅍ+ㅠ	퓨	퓨	Pyu	퓨
ㅎ+ㅠ	휴	휴	Hyu	휴

자음+모음(ㅣ) [子音＋母音(ㅣ)]

월   일

자음+모음(ㅣ) 읽기 [子音＋母音(ㅣ)を読もう]

기	니	디	리	미
Gi	Ni	Di	Ri	Mi
비	시	이	지	치
Bi	Si	I	Ji	Chi
키	티	피	히	
Ki	Ti	Pi	Hi	

자음+모음(ㅣ) 쓰기 [子音＋母音(ㅣ)を書こう]

기	니	디	리	미
Gi	Ni	Di	Ri	Mi
비	시	이	지	치
Bi	Si	I	Ji	Chi
키	티	피	히	
Ki	Ti	Pi	Hi	

⑩ 자음+모음(ㅣ) [子音+母音(ㅣ)]

월   일

자음+모음(ㅣ) 익히기 [子音+母音(ㅣ)の練習]

다음 자음+모음(ㅣ)을 쓰는 순서에 맞게 따라 쓰세요.
(以下の子音+母音(ㅣ)を、書き順を守って書き取ってみましょう。)

자음+모음(ㅣ)	이름	쓰는 순서	영어 표기	쓰기					
ㄱ+ㅣ	기	기	Gi	기					
ㄴ+ㅣ	니	니	Ni	니					
ㄷ+ㅣ	디	디	Di	디					
ㄹ+ㅣ	리	리	Ri	리					
ㅁ+ㅣ	미	미	Mi	미					
ㅂ+ㅣ	비	비	Bi	비					
ㅅ+ㅣ	시	시	Si	시					
ㅇ+ㅣ	이	이	I	이					
ㅈ+ㅣ	지	지	Ji	지					
ㅊ+ㅣ	치	치	Chi	치					
ㅋ+ㅣ	키	키	Ki	키					
ㅌ+ㅣ	티	티	Ti	티					
ㅍ+ㅣ	피	피	Pi	피					
ㅎ+ㅣ	히	히	Hi	히					

한글 자음과 모음 받침표 [ハングルの子音と母音とパッチムの表]

월 일

※참고 : 받침 'ㄱ~ㅎ'(49p~62P)에서 학습할 내용

mp3 \ 받침	가	나	다	라	마	바	사	아	자	차	카	타	파	하
ㄱ	각	낙	닥	락	막	박	삭	악	작	착	칵	탁	팍	학
ㄴ	간	난	단	란	만	반	산	안	잔	찬	칸	탄	판	한
ㄷ	갇	낟	닫	랃	맏	받	삳	앋	잗	찯	칻	탇	팓	핟
ㄹ	갈	날	달	랄	말	발	살	알	잘	찰	칼	탈	팔	할
ㅁ	감	남	담	람	맘	밤	삼	암	잠	참	캄	탐	팜	함
ㅂ	갑	납	답	랍	맙	밥	삽	압	잡	찹	캅	탑	팝	합
ㅅ	갓	낫	닷	랏	맛	밧	삿	앗	잣	찻	캇	탓	팟	핫
ㅇ	강	낭	당	랑	망	방	상	앙	장	창	캉	탕	팡	항
ㅈ	갖	낮	닺	랒	맞	밪	샂	앚	잦	찾	캊	탖	팢	핮
ㅊ	갗	낯	닻	랓	맟	밫	샃	앛	잧	찿	캋	탗	팣	핯
ㅋ	갘	낰	닼	랔	맠	밬	샄	앜	잨	챀	캌	탘	팤	핰
ㅌ	같	낱	닽	랕	맡	밭	샅	앝	잩	챁	캍	탙	팥	핱
ㅍ	갚	낲	닾	랖	맢	밮	샆	앞	잪	챂	캎	탚	팦	핲
ㅎ	갛	낳	닿	랗	맣	밯	샇	앟	잫	챃	캏	탛	팧	핳

제5장

자음과
겹모음

第5章
子音と複合母音

국어국립원의 '우리말샘'에 등록되지 않은 글자. 또는 쓰임이 적은 글자를 아래와 같이 수록하니, 학습에 참고하시길 바랍니다.

페이지	'우리말샘'에 등록되지 않은 글자. 또는 쓰임이 적은 글자
42p	뎨(Dye) 볘(Bye) 졔(Jye) 쳬(Chye) 톄(Tye)
43p	돠(Dwa) 롸(Rwa) 뫄(Mwa) 톼(Twa) 퐈(Pwa)
44p	놰(Nwae) 뢔(Rwae) 뫠(Mwae) 쵀(Chwae) 퐤(Pwae)
46p	풔(Pwo)
48p	듸(Dui) 릐(Rui) 믜(Mui) 븨(Bui) 싀(Sui) 즤(Jui) 츼(Chui) 킈(Kui)
51p	랃(Rat) 앋(At) 찯(Chat) 칻(Kat) 탇(Tat) 팓(Pat)
57p	샃(Sat) 캋(Kat) 탖(Tat) 팢(Pat) 핫(Hat)
58p	랓(Rat) 맟(Mat) 밫(Bat) 샃(Sat) 앛(At) 잧(Jat) 찿(Chat) 캋(Chat) 탗(Tat) 팣(Pat) 핯(Hat)
59p	각(Gak) 낙(Nak) 닥(Dak) 락(Rak) 막(Mak) 박(Bak) 삭(Sak) 작(Jak) 착(Chak) 칵(Kak) 팍(Pak) 학(Hak)
60p	닫(Dat) 랃(Rat) 잗(Jat) 찯(Chat) 칻(Kat) 탇(Tat) 핟(Hat)
61p	닭(Dap) 맙(Map) 밥(Bap) 찹(Chap) 캅(Kap) 탑(Tap) 팝(Pap) 합(Hap)
62p	밭(Bat) 샅(Sat) 앝(At) 잩(Jat) 챁(Chat) 캍(Kat) 탙(Tat) 팥(Pat) 핱(Hat)

01 자음+겹모음(ㅐ)

[子音＋複合母音(ㅐ)]

월   일

자음+겹모음(ㅐ) [子音＋複合母音(ㅐ)]

다음 자음+겹모음(ㅐ)을 쓰는 순서에 맞게 따라 쓰세요.
(以下の子音＋複合母音(ㅐ)を、書き順を守って書き取ってみましょう。)

자음+겹모음(ㅐ)	영어 표기	쓰기					
ㄱ+ㅐ	Gae	개					
ㄴ+ㅐ	Nae	내					
ㄷ+ㅐ	Dae	대					
ㄹ+ㅐ	Rae	래					
ㅁ+ㅐ	Mae	매					
ㅂ+ㅐ	Bae	배					
ㅅ+ㅐ	Sae	새					
ㅇ+ㅐ	Ae	애					
ㅈ+ㅐ	Jae	재					
ㅊ+ㅐ	Chae	채					
ㅋ+ㅐ	Kae	캐					
ㅌ+ㅐ	Tae	태					
ㅍ+ㅐ	Pae	패					
ㅎ+ㅐ	Hae	해					

자음+겹모음(ㅔ)

[子音＋複合母音(ㅔ)]

월   일

자음+겹모음(ㅔ) [子音＋複合母音(ㅔ)]

다음 자음+겹모음(ㅔ)을 쓰는 순서에 맞게 따라 쓰세요.
(以下の子音＋複合母音(ㅔ)を、書き順を守って書き取ってみましょう。)

자음+겹모음(ㅔ)	영어 표기	쓰기
ㄱ+ㅔ	Ge	게
ㄴ+ㅔ	Ne	네
ㄷ+ㅔ	De	데
ㄹ+ㅔ	Re	레
ㅁ+ㅔ	Me	메
ㅂ+ㅔ	Be	베
ㅅ+ㅔ	Se	세
ㅇ+ㅔ	E	에
ㅈ+ㅔ	Je	제
ㅊ+ㅔ	Che	체
ㅋ+ㅔ	Ke	케
ㅌ+ㅔ	Te	테
ㅍ+ㅔ	Pe	페
ㅎ+ㅔ	He	헤

자음+겹모음(ᅨ)
[子音＋複合母音(ᅨ)]

자음+겹모음(ᅨ) [子音＋複合母音(ᅨ)]

다음 자음+겹모음(ᅨ)을 쓰는 순서에 맞게 따라 쓰세요.
(以下の子音＋複合母音(ᅨ)を、書き順を守って書き取ってみましょう。)

자음+겹모음(ᅨ)	영어 표기	쓰기					
ㄱ+ᅨ	Gye	계					
ㄴ+ᅨ	Nye	녜					
ㄷ+ᅨ	Dye	뎨					
ㄹ+ᅨ	Rye	례					
ㅁ+ᅨ	Mye	몌					
ㅂ+ᅨ	Bye	볘					
ㅅ+ᅨ	Sye	셰					
ㅇ+ᅨ	Ye	예					
ㅈ+ᅨ	Jye	졔					
ㅊ+ᅨ	Chye	쳬					
ㅋ+ᅨ	Kye	켸					
ㅌ+ᅨ	Tye	톄					
ㅍ+ᅨ	Pye	폐					
ㅎ+ᅨ	Hye	혜					

자음+겹모음(ㅘ)
[子音＋複合母音(ㅘ)]

월   일

자음+겹모음(ㅘ) [子音＋複合母音(ㅘ)]

다음 자음+겹모음(ㅘ)을 쓰는 순서에 맞게 따라 쓰세요.
(以下の子音＋複合母音(ㅘ)を、書き順を守って書き取ってみましょう。)

자음+겹모음(ㅘ)	영어 표기	쓰기			
ㄱ+ㅘ	Gwa	과			
ㄴ+ㅘ	Nwa	놔			
ㄷ+ㅘ	Dwa	돠			
ㄹ+ㅘ	Rwa	롸			
ㅁ+ㅘ	Mwa	뫄			
ㅂ+ㅘ	Bwa	봐			
ㅅ+ㅘ	Swa	솨			
ㅇ+ㅘ	Wa	와			
ㅈ+ㅘ	Jwa	좌			
ㅊ+ㅘ	Chwa	촤			
ㅋ+ㅘ	Kwa	콰			
ㅌ+ㅘ	Twa	톼			
ㅍ+ㅘ	Pwa	퐈			
ㅎ+ㅘ	Hwa	화			

05 자음+겹모음(ㅙ)
[子音＋複合母音(ㅙ)]

월   일

자음+겹모음(ㅙ) [子音＋複合母音(ㅙ)]

다음 자음+겹모음(ㅙ)을 쓰는 순서에 맞게 따라 쓰세요.
(以下の子音＋複合母音(ㅙ)を、書き順を守って書き取ってみましょう。)

자음+겹모음(ㅙ)	영어 표기	쓰기					
ㄱ+ㅙ	Gwae	괘					
ㄴ+ㅙ	Nwae	놰					
ㄷ+ㅙ	Dwae	돼					
ㄹ+ㅙ	Rwae	뢔					
ㅁ+ㅙ	Mwae	뫠					
ㅂ+ㅙ	Bwae	봬					
ㅅ+ㅙ	Swae	쇄					
ㅇ+ㅙ	Wae	왜					
ㅈ+ㅙ	Jwae	좨					
ㅊ+ㅙ	Chwae	쵀					
ㅋ+ㅙ	Kwae	쾌					
ㅌ+ㅙ	Twae	퇘					
ㅍ+ㅙ	Pwae	퐤					
ㅎ+ㅙ	Hwae	홰					

06 자음+겹모음(ㅚ)
[子音+複合母音 (ㅚ)]

월   일

자음+겹모음(ㅚ) [子音+複合母音 (ㅚ)]

다음 자음+겹모음(ㅚ)을 쓰는 순서에 맞게 따라 쓰세요.
(以下の子音＋複合母音(ㅚ)を、書き順を守って書き取ってみましょう。)

자음+겹모음(ㅚ)	영어 표기	쓰기				
ㄱ+ㅚ	Goe	괴				
ㄴ+ㅚ	Noe	뇌				
ㄷ+ㅚ	Doe	되				
ㄹ+ㅚ	Roe	뢰				
ㅁ+ㅚ	Moe	뫼				
ㅂ+ㅚ	Boe	뵈				
ㅅ+ㅚ	Soe	쇠				
ㅇ+ㅚ	Oe	외				
ㅈ+ㅚ	Joe	죄				
ㅊ+ㅚ	Choe	최				
ㅋ+ㅚ	Koe	쾨				
ㅌ+ㅚ	Toe	퇴				
ㅍ+ㅚ	Poe	푀				
ㅎ+ㅚ	Hoe	회				

 **07** # 자음+겹모음(ㅝ)
[子音＋複合母音 (ㅝ)]

자음+겹모음 (ㅝ) [子音＋複合母音 (ㅝ)]

다음 자음+겹모음(ㅝ)을 쓰는 순서에 맞게 따라 쓰세요.
(以下の子音＋複合母音(ㅝ)を、書き順を守って書き取ってみましょう。)

자음+겹모음(ㅝ)	영어 표기	쓰기					
ㄱ+ㅝ	Gwo	궈					
ㄴ+ㅝ	Nwo	눠					
ㄷ+ㅝ	Dwo	둬					
ㄹ+ㅝ	Rwo	뤄					
ㅁ+ㅝ	Mwo	뭐					
ㅂ+ㅝ	Bwo	붜					
ㅅ+ㅝ	Swo	숴					
ㅇ+ㅝ	Wo	워					
ㅈ+ㅝ	Jwo	줘					
ㅊ+ㅝ	Chwo	춰					
ㅋ+ㅝ	Kwo	쿼					
ㅌ+ㅝ	Two	퉈					
ㅍ+ㅝ	Pwo	풔					
ㅎ+ㅝ	Hwo	훠					

08 자음+겹모음(ㅟ)
[子音＋複合母音 (ㅟ)]

월   일

자음+겹모음(ㅟ) [子音＋複合母音(ㅟ)]

다음 자음+겹모음(ㅟ)을 쓰는 순서에 맞게 따라 쓰세요.
(以下の子音＋複合母音(ㅟ)を、書き順を守って書き取ってみましょう。)

자음+겹모음(ㅟ)	영어 표기	쓰기				
ㄱ+ㅟ	Gwi	귀				
ㄴ+ㅟ	Nwi	뉘				
ㄷ+ㅟ	Dwi	뒤				
ㄹ+ㅟ	Rwi	뤼				
ㅁ+ㅟ	Mwi	뮈				
ㅂ+ㅟ	Bwi	뷔				
ㅅ+ㅟ	Swi	쉬				
ㅇ+ㅟ	Wi	위				
ㅈ+ㅟ	Jwi	쥐				
ㅊ+ㅟ	Chwi	취				
ㅋ+ㅟ	Kwi	퀴				
ㅌ+ㅟ	Twi	튀				
ㅍ+ㅟ	Pwi	퓌				
ㅎ+ㅟ	Hwi	휘				

09 자음+겹모음(ㅟ)
[子音＋複合母音 (ㅟ)]

자음+겹모음(ㅟ) [子音＋複合母音 (ㅟ)]

다음 자음+겹모음(ㅟ)을 쓰는 순서에 맞게 따라 쓰세요.
(以下の子音＋複合母音(ㅟ)を、書き順を守って書き取ってみましょう。)

자음+겹모음(ㅟ)	영어 표기	쓰기					
ㄱ+ㅟ	Gwi	귀					
ㄴ+ㅟ	Nwi	뉘					
ㄷ+ㅟ	Dwi	뒤					
ㄹ+ㅟ	Rwi	뤼					
ㅁ+ㅟ	Mwi	뮈					
ㅂ+ㅟ	Bwi	뷔					
ㅅ+ㅟ	Swi	쉬					
ㅇ+ㅟ	Wi	위					
ㅈ+ㅟ	Jwi	쥐					
ㅊ+ㅟ	Chwi	취					
ㅋ+ㅟ	Kwi	퀴					
ㅌ+ㅟ	Twi	튀					
ㅍ+ㅟ	Pwi	퓌					
ㅎ+ㅟ	Hwi	휘					

10 받침 ㄱ(기역)이 있는 글자
[パッチム 'ㄱ'(キヨク) を含む文字]

받침 ㄱ(기역) [パッチム 'ㄱ'(キヨク)]

다음 받침 ㄱ(기역)이 들어간 글자를 쓰는 순서에 맞게 따라 쓰세요.
(以下のパッチム 'ㄱ'(キヨク)を含む文字を、書き順を守って書き取ってみましょう。)

받침 ㄱ(기역)	영어 표기	쓰기					
가+ㄱ	Gak	각					
나+ㄱ	Nak	낙					
다+ㄱ	Dak	닥					
라+ㄱ	Rak	락					
마+ㄱ	Mak	막					
바+ㄱ	Bak	박					
사+ㄱ	Sak	삭					
아+ㄱ	Ak	악					
자+ㄱ	Jak	작					
차+ㄱ	Chak	착					
카+ㄱ	Kak	칵					
타+ㄱ	Tak	탁					
파+ㄱ	Pak	팍					
하+ㄱ	Hak	학					

11 받침 ㄴ(니은)이 있는 글자
[パッチム 'ㄴ'(ニウン) を含む文字]

월   일

받침 ㄴ(니은) [パッチム 'ㄴ'(ニウン)]

다음 받침 ㄴ(니은)이 들어간 글자를 쓰는 순서에 맞게 따라 쓰세요.
(以下のパッチム 'ㄴ'(ニウン)を含む文字を、書き順を守って書き取ってみましょう。)

받침 ㄴ(니은)	영어 표기	쓰기					
가+ㄴ	Gan	간					
나+ㄴ	Nan	난					
다+ㄴ	Dan	단					
라+ㄴ	Ran	란					
마+ㄴ	Man	만					
바+ㄴ	Ban	반					
사+ㄴ	San	산					
아+ㄴ	An	안					
자+ㄴ	Jan	잔					
차+ㄴ	Chan	찬					
카+ㄴ	Kan	칸					
타+ㄴ	Tan	탄					
파+ㄴ	Pan	판					
하+ㄴ	Han	한					

받침 ㄷ(디귿)이 있는 글자

[パッチム 'ㄷ'(ティグッ)を含む文字]

월   일

ㄷ 받침 ㄷ(디귿) [パッチム 'ㄷ'(ティグッ)]

다음 받침 ㄷ(디귿)이 들어간 글자를 쓰는 순서에 맞게 따라 쓰세요.
(以下のパッチム 'ㄷ'(ティグッ)を含む文字を、書き順を守って書き取ってみましょう。)

받침 ㄷ(디귿)	영어 표기	쓰기				
가+ㄷ	Gat	갇				
나+ㄷ	Nat	낟				
다+ㄷ	Dat	닫				
라+ㄷ	Rat	랃				
마+ㄷ	Mat	맏				
바+ㄷ	Bat	받				
사+ㄷ	Sat	삳				
아+ㄷ	At	앋				
자+ㄷ	Jat	잗				
차+ㄷ	Chat	찯				
카+ㄷ	Kat	칻				
타+ㄷ	Tat	탇				
파+ㄷ	Pat	팓				
하+ㄷ	Hat	핟				

13 받침 ㄹ(리을)이 있는 글자
[パッチム 'ㄹ'(リウル)を含む文字]

월   일

받침 ㄹ(리을) [パッチム 'ㄹ'(リウル)]

다음 받침 ㄹ(리을)이 들어간 글자를 쓰는 순서에 맞게 따라 쓰세요.
(以下のパッチム 'ㄹ'(リウル)を含む文字を、書き順を守って書き取ってみましょう。)

받침 ㄹ(리을)	영어 표기	쓰기			
가+ㄹ	Gal	갈			
나+ㄹ	Nal	날			
다+ㄹ	Dal	달			
라+ㄹ	Ral	랄			
마+ㄹ	Mal	말			
바+ㄹ	Bal	발			
사+ㄹ	Sal	살			
아+ㄹ	Al	알			
자+ㄹ	Jal	잘			
차+ㄹ	Chal	찰			
카+ㄹ	Kal	칼			
타+ㄹ	Tal	탈			
파+ㄹ	Pal	팔			
하+ㄹ	Hal	할			

14 받침 ㅁ(미음)이 있는 글자
[パッチム 'ㅁ'(ミウム) を含む文字]

ㄹ 받침 ㅁ(미음) [パッチム 'ㅁ'(ミウム)]

다음 받침 ㅁ(미음)이 들어간 글자를 쓰는 순서에 맞게 따라 쓰세요.
(以下のパッチム 'ㅁ'(ミウム) を含む文字を、書き順を守って書き取ってみましょう。)

받침 ㅁ(미음)	영어 표기	쓰기					
가+ㅁ	Gam	감					
나+ㅁ	Nam	남					
다+ㅁ	Dam	담					
라+ㅁ	Ram	람					
마+ㅁ	Mam	맘					
바+ㅁ	Bam	밤					
사+ㅁ	Sam	삼					
아+ㅁ	Am	암					
자+ㅁ	Jam	잠					
차+ㅁ	Cham	참					
카+ㅁ	Kam	캄					
타+ㅁ	Tam	탐					
파+ㅁ	Pam	팜					
하+ㅁ	Ham	함					

15 받침 ㅂ(비읍)이 있는 글자

[パッチム 'ㅂ'(ビウプ)を含む文字]

월   일

받침 ㅂ(비읍) [パッチム 'ㅂ'(ビウプ)]

다음 받침 ㅂ(비읍)이 들어간 글자를 쓰는 순서에 맞게 따라 쓰세요.
(以下のパッチム 'ㅂ'(ビウプ)を含む文字を、書き順を守って書き取ってみましょう。)

받침 ㅂ(비읍)	영어 표기	쓰기					
가+ㅂ	Gap	갑					
나+ㅂ	Nap	납					
다+ㅂ	Dap	답					
라+ㅂ	Rap	랍					
마+ㅂ	Map	맙					
바+ㅂ	Bap	밥					
사+ㅂ	Sap	삽					
아+ㅂ	Ap	압					
자+ㅂ	Jap	잡					
차+ㅂ	Chap	찹					
카+ㅂ	Kap	캅					
타+ㅂ	Tap	탑					
파+ㅂ	Pap	팝					
하+ㅂ	Hap	합					

16 받침 ㅅ(시옷)이 있는 글자

[パッチム 'ㅅ'(シオッ) を含む文字]

월   일

받침 ㅅ(시옷) [パッチム 'ㅅ'(シオッ)]

다음 받침 ㅅ(시옷)이 들어간 글자를 쓰는 순서에 맞게 따라 쓰세요.
(以下のパッチム 'ㅅ'(シオッ) を含む文字を、書き順を守って書き取ってみましょう。)

받침 ㅅ(시옷)	영어 표기	쓰기					
가+ㅅ	Gat	갓					
나+ㅅ	Nat	낫					
다+ㅅ	Dat	닷					
라+ㅅ	Rat	랏					
마+ㅅ	Mat	맛					
바+ㅅ	Bat	밧					
사+ㅅ	Sat	샷					
아+ㅅ	At	앗					
자+ㅅ	Jat	잣					
차+ㅅ	Chat	찻					
카+ㅅ	Kat	캇					
타+ㅅ	Tat	탓					
파+ㅅ	Pat	팟					
하+ㅅ	Hat	핫					

월   일

받침 ㅇ(이응) [パッチム 'ㅇ'(イウン)]

다음 받침 ㅇ(이응)이 들어간 글자를 쓰는 순서에 맞게 따라 쓰세요.
(以下のパッチム 'ㅇ'(イウン) を含む文字を、書き順を守って書き取ってみましょう。)

받침 ㅇ(이응)	영어 표기	쓰기					
가+ㅇ	Gang	강					
나+ㅇ	Nang	낭					
다+ㅇ	Dang	당					
라+ㅇ	Rang	랑					
마+ㅇ	Mang	망					
바+ㅇ	Bang	방					
사+ㅇ	Sang	상					
아+ㅇ	Ang	앙					
자+ㅇ	Jang	장					
차+ㅇ	Chang	창					
카+ㅇ	Kang	캉					
타+ㅇ	Tang	탕					
파+ㅇ	Pang	팡					
하+ㅇ	Hang	항					

18 받침 ㅈ(지읒)이 있는 글자
[パッチム 'ㅈ'(ジウッ) を含む文字]

월   일

받침 ㅈ(지읒) [パッチム 'ㅈ'(ジウッ)]

다음 받침 ㅈ(지읒)이 들어간 글자를 쓰는 순서에 맞게 따라 쓰세요.
(以下のパッチム 'ㅈ'(ジウッ) を含む文字を、書き順を守って書き取ってみましょう。)

받침 ㅈ(지읒)	영어 표기	쓰기					
가+ㅈ	Gat	갗					
나+ㅈ	Nat	낮					
다+ㅈ	Dat	닺					
라+ㅈ	Rat	랒					
마+ㅈ	Mat	맞					
바+ㅈ	Bat	밪					
사+ㅈ	Sat	샂					
아+ㅈ	At	앚					
자+ㅈ	Jat	잦					
차+ㅈ	Chat	찾					
카+ㅈ	Kat	캊					
타+ㅈ	Tat	탖					
파+ㅈ	Pat	팢					
하+ㅈ	Hat	핫					

19 받침 ㅊ(치읓)이 있는 글자
[パッチム 'ㅊ'(チウッ)を含む文字]

월   일

받침 ㅊ(치읓) [パッチム 'ㅊ'(チウッ)]

다음 받침 ㅊ(치읓)이 들어간 글자를 쓰는 순서에 맞게 따라 쓰세요.
(以下のパッチム 'ㅊ'(チウッ)を含む文字を、書き順を守って書き取ってみましょう。)

받침 ㅊ(치읓)	영어 표기	쓰기					
가+ㅊ	Gat	갖					
나+ㅊ	Nat	낮					
다+ㅊ	Dat	닻					
라+ㅊ	Rat	랒					
마+ㅊ	Mat	맞					
바+ㅊ	Bat	밫					
사+ㅊ	Sat	샂					
아+ㅊ	At	앚					
자+ㅊ	Jat	잦					
차+ㅊ	Chat	찿					
카+ㅊ	Kat	캊					
타+ㅊ	Tat	탖					
파+ㅊ	Pat	팢					
하+ㅊ	Hat	핫					

받침 ㅋ(키읔)이 있는 글자
[パッチム 'ㅋ'(キウク) を含む文字]

일

다음 받침 ㅋ(키읔)이 들어간 글자를 쓰는 순서에 맞게 따라 쓰세요.
(以下のパッチム 'ㅋ'(キウク) を含む文字を、書き順を守って書き取ってみましょう。)

받침 ㅋ(키읔)	영어 표기	쓰기					
가+ㅋ	Gak	각					
나+ㅋ	Nak	낙					
다+ㅋ	Dak	닥					
라+ㅋ	Rak	락					
마+ㅋ	Mak	막					
바+ㅋ	Bak	박					
사+ㅋ	Sak	삭					
아+ㅋ	Ak	악					
자+ㅋ	Jak	작					
차+ㅋ	Chak	착					
카+ㅋ	Kak	칵					
타+ㅋ	Tak	탁					
파+ㅋ	Pak	팍					
하+ㅋ	Hak	학					

받침 ㅌ(티읕)이 있는 글자
[パッチム 'ㅌ'(ティウッ) を含む文字]

월   일

받침 ㅌ(티읕) [パッチム 'ㅌ'(ティウッ)]

다음 받침 ㅌ(티읕)이 들어간 글자를 쓰는 순서에 맞게 따라 쓰세요.
(以下のパッチム 'ㅌ'(ティウッ) を含む文字を、書き順を守って書き取ってみましょう。)

받침 ㅌ(티읕)	영어 표기	쓰기					
가+ㅌ	Gat	같					
나+ㅌ	Nat	낱					
다+ㅌ	Dat	닽					
라+ㅌ	Rat	랕					
마+ㅌ	Mat	맡					
바+ㅌ	Bat	밭					
사+ㅌ	Sat	샅					
아+ㅌ	At	앝					
자+ㅌ	Jat	잩					
차+ㅌ	Chat	챁					
카+ㅌ	Kat	캍					
타+ㅌ	Tat	탙					
파+ㅌ	Pat	팥					
하+ㅌ	Hat	핱					

22 받침 ㅍ(피읖)이 있는 글자

[パッチム 'ㅍ'(ピウプ) を含む文字]

월   일

받침 ㅍ(피읖) [パッチム 'ㅍ'(ピウプ)]

다음 받침 ㅍ(피읖)이 들어간 글자를 쓰는 순서에 맞게 따라 쓰세요.
(以下のパッチム'ㅍ'(ピウプ) を含む文字を、書き順を守って書き取ってみましょう。)

받침 ㅍ(피읖)	영어 표기	쓰기				
가+ㅍ	Gap	갚				
나+ㅍ	Nap	낲				
다+ㅍ	Dap	닾				
라+ㅍ	Rap	랖				
마+ㅍ	Map	맢				
바+ㅍ	Bap	밮				
사+ㅍ	Sap	샆				
아+ㅍ	Ap	앞				
자+ㅍ	Jap	잪				
차+ㅍ	Chap	챂				
카+ㅍ	Kap	캎				
타+ㅍ	Tap	탚				
파+ㅍ	Pap	팦				
하+ㅍ	Hap	핲				

받침 ㅎ(히읗)이 있는 글자

[パッチム 'ㅎ'(ヒウッ) を含む文字]

월   일

받침 ㅎ(히읗) [パッチム 'ㅎ'(ヒウッ)]

다음 받침 ㅎ(히읗)이 들어간 글자를 쓰는 순서에 맞게 따라 쓰세요.
(以下のパッチム 'ㅎ'(ヒウッ)を含む文字を、書き順を守って書き取ってみましょう。)

받침 ㅎ(히읗)	영어 표기	쓰기				
가+ㅎ	Gat	갛				
나+ㅎ	Nat	낳				
다+ㅎ	Dat	닿				
라+ㅎ	Rat	랗				
마+ㅎ	Mat	맣				
바+ㅎ	Bat	밯				
사+ㅎ	Sat	샇				
아+ㅎ	At	앟				
자+ㅎ	Jat	잫				
차+ㅎ	Chat	챃				
카+ㅎ	Kat	캏				
타+ㅎ	Tat	탛				
파+ㅎ	Pat	팧				
하+ㅎ	Hat	핳				

제6장

주제별
낱말

第6章
テーマ別の単語

01 과일 [果物]

■ 다음을 쓰는 순서에 맞게 따라 쓰세요.
　(以下の単語を書き順を守って書き取ってみましょう。)

사	과				
배					
바	나	나			
딸	기				
토	마	토			

사과 りんご

배 なし

바나나 バナナ

딸기 いちご

토마토 トマト

 01 **과일** [果物]

월   일

■ 다음을 쓰는 순서에 맞게 따라 쓰세요.
  (以下の単語を書き順を守って書き取ってみましょう。)

수	박					
복	숭	아				
오	렌	지				
귤						
키	위					

수박 スイカ

복숭아 もも

오렌지 オレンジ

귤 みかん

키위 キウイ

01

과일 [果物]

월   일

■ 다음을 쓰는 순서에 맞게 따라 쓰세요.
　(以下の単語を書き順を守って書き取ってみましょう。)

참	외					

참외 マクワウリ

파	인	애	플			

파인애플 パイナップル

레	몬					

레몬 レモン

감						

감 かき

포	도					

포도 ぶどう

O2

동물 [動物]

■ 다음을 쓰는 순서에 맞게 따라 쓰세요.
(以下の単語を書き順を守って書き取ってみましょう。)

타 조					
호 랑 이					
사 슴					
고 양 이					
여 우					

타조 ダチョウ

호랑이 虎

사슴 鹿

고양이 猫

여우 狐

동물 [動物]

월   일

■ 다음을 쓰는 순서에 맞게 따라 쓰세요.
  (以下の単語を書き順を守って書き取ってみましょう。)

사자					
사 자					
코끼리					
코 끼 리					
돼지					
돼 지					
강아지					
강 아 지					
토끼					
토 끼					

사자 ライオン

코끼리 象

돼지 豚

강아지 犬

토끼 ウサギ

O2 동물 [動物]

월   일

■ 다음을 쓰는 순서에 맞게 따라 쓰세요.
　(以下の単語を書き順を守って書き取ってみましょう。)

기	린				
곰					
원	숭	이			
너	구	리			
거	북	이			

기린 キリン

곰 クマ

원숭이 猿

너구리 タヌキ

거북이 亀

O3 채소 [野菜]

월 일

■ 다음을 쓰는 순서에 맞게 따라 쓰세요.
(以下の単語を書き順を守って書き取ってみましょう。)

배	추					

배추 白菜

당	근					

당근 ニンジン

마	늘					

마늘 にんにく

시	금	치				

시금치 ホウレンソウ

미	나	리				

미나리 セリ

채소 [野菜]

월   일

■ 다음을 쓰는 순서에 맞게 따라 쓰세요.
(以下の単語を書き順を守って書き取ってみましょう。)

무						
상 추						
양 파						
부 추						
감 자						

무 大根

상추 レタス

양파 タマネギ

부추 ニラ

감자 じゃがいも

03 채소 [野菜]

월 일

■ 다음을 쓰는 순서에 맞게 따라 쓰세요.
(以下の単語を書き順を守って書き取ってみましょう。)

오	이				
파					
가	지				
고	추				
양	배	추			

오이 キュウリ

파 ネギ

가지 ナス

고추 トウガラシ

양배추 キャベツ

O4

직업 [職業]

월   일

■ 다음을 쓰는 순서에 맞게 따라 쓰세요.
　(以下の単語を書き順を守って書き取ってみましょう。)

	경	찰	관					

경찰관 警察官

	소	방	관					

소방관 消防士

	요	리	사					

요리사 コック

	환	경	미	화	원			

환경미화원 清掃員

	화	가						

화가 画家

직업 [職業]

월   일

■ 다음을 쓰는 순서에 맞게 따라 쓰세요.
　(以下の単語を書き順を守って書き取ってみましょう。)

간	호	사				

간호사 看護師

회	사	원				

회사원 会社員

미	용	사				

미용사 美容師

가	수					

가수 歌手

소	설	가				

소설가 小説家

04 직업 [職業]

월   일

■ 다음을 쓰는 순서에 맞게 따라 쓰세요.
  (以下の単語を書き順を守って書き取ってみましょう。)

의	사					

의사 医師

선	생	님				

선생님 教師

주	부					

주부 主婦

운	동	선	수			

운동선수 運動選手

우	편	집	배	원		

우편집배원 郵便配達員

음식 [食べ物]

월   일

■ 다음을 쓰는 순서에 맞게 따라 쓰세요.
　(以下の単語を書き順を守って書き取ってみましょう。)

김 치 찌 개

김치찌개 キムチチゲ

미 역 국

미역국 ワカメスープ

김 치 볶 음 밥

김치볶음밥 キムチチャーハン

돈 가 스

돈가스 とんかつ

국 수

국수 にゅうめん

05 음식 [食べ物]

월   일

■ 다음을 쓰는 순서에 맞게 따라 쓰세요.
  (以下の単語を書き順を守って書き取ってみましょう。)

된	장	찌	개				
불	고	기					
김	밥						
라	면						
떡							

된장찌개 テンジャンチゲ

불고기 プルゴギ

김밥 キンパプ

라면 ラーメン

떡 餅

음식 [食べ物]

월   일

■ 다음을 쓰는 순서에 맞게 따라 쓰세요.
（以下の単語を書き順を守って書き取ってみましょう。）

순	두	부	찌	개		

순두부찌개 スンドゥプチゲ

비	빔	밥				

비빔밥 ビビンバ

만	두					

만두 餃子

피	자					

피자 ピザ

케	이	크				

케이크 ケーキ

06 위치 [位置]

■ 다음을 쓰는 순서에 맞게 따라 쓰세요.
  (以下の単語を書き順を守って書き取ってみましょう。)

앞						
뒤						
위						
아래						
오른쪽						

앞 前

뒤 後ろ

위 上

아래 下

오른쪽 右

06 위치 [位置]

월 일

■ 다음을 쓰는 순서에 맞게 따라 쓰세요.
（以下の単語を書き順を守って書き取ってみましょう。）

왼	쪽				
옆					
안					
밖					
밑					

왼쪽 左

옆 隣

안 內

밖 外

밑 下

06 위치 [位置]

월   일

■ 다음을 쓰는 순서에 맞게 따라 쓰세요.
  (以下の単語を書き順を守って書き取ってみましょう。)

사	이					
동	쪽					
서	쪽					
남	쪽					
북	쪽					

사이 間

동쪽 東

서쪽 西

남쪽 南

북쪽 北

탈것 [乗り物]

월   일

■ 다음을 쓰는 순서에 맞게 따라 쓰세요.
　(以下の単語を書き順を守って書き取ってみましょう。)

버 스					
비 행 기					
배					
오 토 바 이					
소 방 차					

버스 バス

비행기 飛行機

배 船

오토바이 オートバイ

소방차 消防車

07 탈것 [乗り物]

■ 다음을 쓰는 순서에 맞게 따라 쓰세요.
　(以下の単語を書き順を守って書き取ってみましょう。)

자	동	차				
지	하	철				
기	차					
헬	리	콥	터			
포	클	레	인			

자동차 自動車

지하철 地下鉄

기차 鉄道

헬리콥터 ヘリコプター

포클레인 ショベルカー

07 탈것 [乗り物]

월 일

■ 다음을 쓰는 순서에 맞게 따라 쓰세요.
(以下の単語を書き順を守って書き取ってみましょう。)

택시 タクシー

자전거 自転車

트럭 トラック

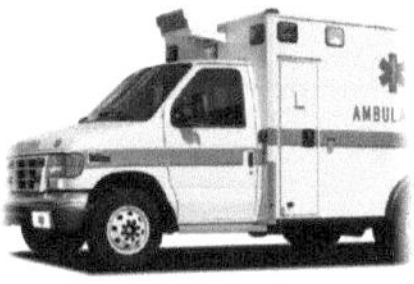

구급차 救急車

기구 気球

택	시						
자	전	거					
트	럭						
구	급	차					
기	구						

장소 [場所]

■ 다음을 쓰는 순서에 맞게 따라 쓰세요.
　(以下の単語を書き順を守って書き取ってみましょう。)

집						
학 교						
백 화 점						
우 체 국						
약 국						

집 家

학교 学校

백화점 デパート

우체국 郵便局

약국 薬局

08 장소 [場所]

월   일

■ 다음을 쓰는 순서에 맞게 따라 쓰세요.
(以下の単語を書き順を守って書き取ってみましょう。)

시	장				

시장 市場

식	당				

식당 レストラン

슈	퍼	마	켓		

슈퍼마켓 スーパーマーケット

서	점				

서점 書店

공	원				

공원 公園

08 장소 [場所]

월   일

■ 다음을 쓰는 순서에 맞게 따라 쓰세요.
　(以下の単語を書き順を守って書き取ってみましょう。)

은	행				
병	원				
문	구	점			
미	용	실			
극	장				

은행 銀行

병원 病院

문구점 文房具店

미용실 美容室

극장 劇場

09 계절, 날씨 [季節, 天気]

월   일

■ 다음을 쓰는 순서에 맞게 따라 쓰세요.
(以下の単語を書き順を守って書き取ってみましょう。)

봄					

봄 春

여름					

여름 夏

가을					

가을 秋

겨울					

겨울 冬

맑다					

맑다 晴れ

09

계절, 날씨 [季節, 天気]

월   일

■ 다음을 쓰는 순서에 맞게 따라 쓰세요.
　(以下の単語を書き順を守って書き取ってみましょう。)

흐	리	다				

흐리다 くもり

바	람	이		분	다	

바람이 분다 風が吹く

비	가		온	다		

비가 온다 雨が降る

비	가		그	친	다	

비가 그친다 雨が止む

눈	이		온	다		

눈이 온다 雪が降る

■ 다음을 쓰는 순서에 맞게 따라 쓰세요.
  (以下の単語を書き順を守って書き取ってみましょう。)

구	름	이		낀	다

구름이 낀다 雲がかかる

덥	다				

덥다 暑い

춥	다				

춥다 寒い

따	뜻	하	다		

따뜻하다 暖かい

시	원	하	다		

시원하다 涼しい

10 집 안의 사물 [家の中にあるもの]

월   일

■ 다음을 쓰는 순서에 맞게 따라 쓰세요.
（以下の単語を書き順を守って書き取ってみましょう。）

소	파					

소파 ソファ

욕	조					

욕조 バスタブ

거	울					

거울 鏡

샤	워	기				

샤워기 シャワーヘッド

변	기					

변기 便器

10 집 안의 사물 [家の中にあるもの]

■ 다음을 쓰는 순서에 맞게 따라 쓰세요.
(以下の単語を書き順を守って書き取ってみましょう。)

싱	크	대				

싱크대 シンク

부	엌					

부엌 台所

거	실					

거실 リビング

안	방					

안방 寝室

옷	장					

옷장 クローゼット

집 안의 사물 [家の中にあるもの]

월   일

■ 다음을 쓰는 순서에 맞게 따라 쓰세요.
(以下の単語を書き順を守って書き取ってみましょう。)

화	장	대					
식	탁						
책	장						
작	은	방					
침	대						

화장대 化粧台

식탁 食卓

책장 本棚

작은방 小部屋

침대 ベッド

가족 명칭 [家族の呼び方]

월   일

■ 다음을 쓰는 순서에 맞게 따라 쓰세요.
  (以下の単語を書き順を守って書き取ってみましょう。)

할	머	니				
할	아	버	지			
아	버	지				
어	머	니				
오	빠					

할머니 お祖母ちゃん

할아버지 お祖父ちゃん

아버지 お父さん

어머니 お母さん

오빠 兄さん(妹が呼ぶとき)

11 가족 명칭 [家族の呼び方]

월 일

■ 다음을 쓰는 순서에 맞게 따라 쓰세요.
　(以下の単語を書き順を守って書き取ってみましょう。)

형					

형 兄さん(弟が呼ぶとき)

나					

나 私

남	동	생			

남동생 弟

여	동	생			

여동생 妹

언	니				

언니 姉さん(妹が呼ぶとき)

제6장 주제별 낱말 • **95**

가족 명칭 [家族の呼び方]

월   일

■ 다음을 쓰는 순서에 맞게 따라 쓰세요.
(以下の単語を書き順を守って書き取ってみましょう。)

누	나					

누나 姉さん(弟が呼ぶとき)

삼	촌					

삼촌 叔父さん

고	모					

고모 (父方の)叔母さん

이	모					

이모 (母方の)叔母さん

이	모	부				

이모부
叔父さん(母方の叔母の夫)

학용품 [学用品]

월   일

■ 다음을 쓰는 순서에 맞게 따라 쓰세요.
(以下の単語を書き順を守って書き取ってみましょう。)

공책 ノート

공 책

스케치북 スケッチブック

스 케 치 북

색연필 色えんぴつ

색 연 필

가위 はさみ

가 위

풀 のり

풀

12 학용품 [学用品]

월   일

■ 다음을 쓰는 순서에 맞게 따라 쓰세요.
　(以下の単語を書き順を守って書き取ってみましょう。)

일	기	장			
연	필				
칼					
물	감				
자					

일기장 日記帳

연필 えんぴつ

칼 カッター

물감 絵の具

자 定規

12 **학용품** [学用品]

월　일

■ 다음을 쓰는 순서에 맞게 따라 쓰세요.
　(以下の単語を書き順を守って書き取ってみましょう。)

색	종	이			

색종이 色紙

사	인	펜			

사인펜 サインペン

크	레	파	스		

크레파스 クレヨン

붓					

붓 筆

지	우	개			

지우개 消しゴム

꽃 [花]

월 일

■ 다음을 쓰는 순서에 맞게 따라 쓰세요.
(以下の単語を書き順を守って書き取ってみましょう。)

장	미					

장미 バラ

진	달	래				

진달래 ツツジ

민	들	레				

민들레 タンポポ

나	팔	꽃				

나팔꽃 アサガオ

맨	드	라	미			

맨드라미 ケイトウ

100 ● 일본인을 위한 기초 한글 배우기
日本人のための基礎ハングルを学ぼう

13

꽃 [花]

월 　 일

■ 다음을 쓰는 순서에 맞게 따라 쓰세요.
　(以下の単語を書き順を守って書き取ってみましょう。)

개	나	리			
벚	꽃				
채	송	화			
국	화				
무	궁	화			

개나리 レンギョウ

벚꽃 桜

채송화 松葉牡丹

국화 菊

무궁화 ムクゲ

13 꽃 [花]

월 일

■ 다음을 쓰는 순서에 맞게 따라 쓰세요.
(以下の単語を書き順を守って書き取ってみましょう。)

튤	립					

튤립 チューリップ

봉	숭	아				

봉숭아 ホウセンカ

해	바	라	기			

해바라기 ヒマワリ

카	네	이	션			

카네이션 カーネーション

코	스	모	스			

코스모스 コスモス

102 • 일본인을 위한 기초 한글 배우기
日本人のための基礎ハングルを学ぼう

 ⑭

나라 이름 [国の名前]

월   일

■ 다음을 쓰는 순서에 맞게 따라 쓰세요.
(以下の単語を書き順を守って書き取ってみましょう。)

한	국					

한국 韓国

필	리	핀				

필리핀 フィリピン

일	본					

일본 日本

캄	보	디	아			

캄보디아 カンボジア

아	프	가	니	스	탄	

아프가니스탄 アフガニスタン

14

나라 이름 [国の名前]

월 일

■ 다음을 쓰는 순서에 맞게 따라 쓰세요.
(以下の単語を書き順を守って書き取ってみましょう。)

 중국 中国	중	국						
 태국 タイ	태	국						
 베트남 ベトナム	베	트	남					
 인도 インド	인	도						
 영국 イギリス	영	국						

14 # 나라 이름 [国の名前]

월 일

■ 다음을 쓰는 순서에 맞게 따라 쓰세요.
(以下の単語を書き順を守って書き取ってみましょう。)

미국					
몽골					
우즈베키스탄					
러시아					
캐나다					

미국 アメリカ

몽골 モンゴル

우즈베키스탄 ウズベキスタン

러시아 ロシア

캐나다 カナダ

악기 [楽器]

월   일

■ 다음을 쓰는 순서에 맞게 따라 쓰세요.
（以下の単語を書き順を守って書き取ってみましょう。）

기	타				
북					
트	라	이	앵	글	
하	모	니	카		
징					

기타 ギター

북 ドラム

트라이앵글 トライアングル

하모니카 ハーモニカ

징 銅鑼

15

악기 [楽器]

월   일

■ 다음을 쓰는 순서에 맞게 따라 쓰세요.
　(以下の単語を書き順を守って書き取ってみましょう。)

피	아	노				
탬	버	린				
나	팔					
장	구					
소	고					

피아노 ピアノ

탬버린 タンバリン

나팔 ラッパ

장구 鼓(つづみ)

소고 小太鼓

악기 [楽器]

월   일

■ 다음을 쓰는 순서에 맞게 따라 쓰세요.
(以下の単語を書き順を守って書き取ってみましょう。)

피 리					
실 로 폰					
바 이 올 린					
꽹 과 리					
가 야 금					

피리 笛

실로폰 木琴

바이올린 バイオリン

꽹과리 鉦

가야금 伽耶琴(カヤグム)

16 옷 [衣服]

■ 다음을 쓰는 순서에 맞게 따라 쓰세요.
 (以下の単語を書き順を守って書き取ってみましょう。)

티	셔	츠			
바	지				
점	퍼				
정	장				
와	이	셔	츠		

티셔츠 Tシャツ

바지 ズボン

점퍼 ジャンパー

정장 スーツ

와이셔츠 ワイシャツ

옷 [衣服]

월   일

■ 다음을 쓰는 순서에 맞게 따라 쓰세요.
　(以下の単語を書き順を守って書き取ってみましょう。)

반	바	지			
코	트				
교	복				
블	라	우	스		
청	바	지			

반바지 半ズボン

코트 コート

교복 制服

블라우스 ブラウス

청바지 ジーンズ

 **16** 옷 [衣服]

월 일

■ 다음을 쓰는 순서에 맞게 따라 쓰세요.
（以下の単語を書き順を守って書き取ってみましょう。）

양	복						

양복 背広

작	업	복					

작업복 作業着

스	웨	터					

스웨터 セーター

치	마						

치마 スカート

한	복						

한복 韓服

색깔 [色]

월   일

■ 다음을 쓰는 순서에 맞게 따라 쓰세요.
  (以下の単語を書き順を守って書き取ってみましょう。)

빨	간	색			
주	황	색			
초	록	색			
노	란	색			
파	란	색			

빨간색 赤

주황색 オレンジ色

초록색 緑

노란색 黄色

파란색 青

17 색깔 [色]

월 일

■ 다음을 쓰는 순서에 맞게 따라 쓰세요.
(以下の単語を書き順を守って書き取ってみましょう。)

보	라	색			
분	홍	색			
하	늘	색			
갈	색				
검	은	색			

보라색 紫

분홍색 ピンク色

하늘색 水色

갈색 茶色

검은색 黒

18 **취미** [趣味]

월 일

■ 다음을 쓰는 순서에 맞게 따라 쓰세요.
(以下の単語を書き順を守って書き取ってみましょう。)

요	리				
노	래				
등	산				
영	화	감	상		
낚	시				

요리 料理

노래 歌

등산 登山

영화감상 映画鑑賞

낚시 釣り

18

취미 [趣味]

■ 다음을 쓰는 순서에 맞게 따라 쓰세요.
  (以下の単語を書き順を守って書き取ってみましょう。)

음	악	감	상				

음악감상 音楽鑑賞

게	임						

게임 ゲーム

드	라	이	브				

드라이브 ドライブ

여	행						

여행 旅行

독	서						

독서 読書

18 **취미** [趣味]

월   일

■ 다음을 쓰는 순서에 맞게 따라 쓰세요.
(以下の単語を書き順を守って書き取ってみましょう。)

쇼	핑				

쇼핑 ショッピング

운	동				

운동 運動

수	영				

수영 水泳

사	진	촬	영		

사진촬영 写真撮影

악	기	연	주		

악기연주 楽器演奏

⑲ 운동 [スポーツ]

월　　일

■ 다음을 쓰는 순서에 맞게 따라 쓰세요.
　（以下の単語を書き順を守って書き取ってみましょう。）

야 구					
배 구					
축 구					
탁 구					
농 구					

야구 野球

배구 バレーボール

축구 サッカー

탁구 卓球

농구 バスケットボール

운동 [スポーツ]

월   일

■ 다음을 쓰는 순서에 맞게 따라 쓰세요.
　(以下の単語を書き順を守って書き取ってみましょう。)

골프					
스키					
수영					
권투					
씨름					

골프 ゴルフ

스키 スキー

수영 水泳

권투 ボクシング

씨름 すもう

19 운동 [スポーツ]

월 일

■ 다음을 쓰는 순서에 맞게 따라 쓰세요.
  (以下の単語を書き順を守って書き取ってみましょう。)

테	니	스					

테니스 テニス

레	슬	링					

레슬링 レスリング

태	권	도					

태권도 テコンドー

배	드	민	턴				

배드민턴 バドミントン

스	케	이	트				

스케이트 スケート

㉒ 움직임 말(1)
[動作を表す言葉 (1)]

■ 다음을 쓰는 순서에 맞게 따라 쓰세요.
  (以下の単語を書き順を守って書き取ってみましょう。)

가	다					
오	다					
먹	다					
사	다					
읽	다					

가다 行く

오다 来る

먹다 食べる

사다 買う

읽다 読む

20 움직임 말(1)

[動作を表す言葉 (1)]

월   일

■ 다음을 쓰는 순서에 맞게 따라 쓰세요.
(以下の単語を書き順を守って書き取ってみましょう。)

씻 다					
자 다					
보 다					
일 하 다					
만 나 다					

씻다 洗う

자다 寝る

보다 見る

일하다 働く

만나다 会う

20 움직임 말(1)

[動作を表す言葉 (1)]

월   일

■ 다음을 쓰는 순서에 맞게 따라 쓰세요.
　(以下の単語を書き順を守って書き取ってみましょう。)

마	시	다			

마시다 飲む

빨	래	하	다		

빨래하다 洗濯する

청	소	하	다		

청소하다 掃除する

요	리	하	다		

요리하다 料理する

공	부	하	다		

공부하다 勉強する

21 움직임 말(2)
[動作を表す言葉 (2)]

월   일

■ 다음을 쓰는 순서에 맞게 따라 쓰세요.
  (以下の単語を書き順を守って書き取ってみましょう。)

공	을		차	다		
이	를		닦	다		
목	욕	을		하	다	
세	수	를		하	다	
등	산	을		하	다	

공을 차다 ボールを蹴る

이를 닦다 歯を磨く

목욕을 하다 入浴する

세수를 하다 顔を洗う

등산을 하다 登山をする

움직임 말(2)

[動作を表す言葉 (2)]

월   일

■ 다음을 쓰는 순서에 맞게 따라 쓰세요.
（以下の単語を書き順を守って書き取ってみましょう。）

머	리	를		감	다	
영	화	를		보	다	
공	원	에		가	다	
여	행	을		하	다	
산	책	을		하	다	

머리를 감다 頭を洗う

영화를 보다 映画を見る

공원에 가다 公園に行く

여행을 하다 旅行に行く

산책을 하다 散歩をする

21 움직임 말(2)
[動作を表す言葉 (2)]

월　일

■ 다음을 쓰는 순서에 맞게 따라 쓰세요.
　(以下の単語を書き順を守って書き取ってみましょう。)

수	영	을		하	다		
쇼	핑	을		하	다		
사	진	을		찍	다		
샤	워	를		하	다		
이	야	기	를		하	다	

수영을 하다 泳ぐ

쇼핑을 하다 買い物する

사진을 찍다 写真を撮る

샤워를 하다 シャワーする

이야기를 하다 おしゃべりする

움직임 말(3)
[動作を表す言葉 (3)]

월　일

■ 다음을 쓰는 순서에 맞게 따라 쓰세요.
　(以下の単語を書き順を守って書き取ってみましょう。)

놀 다					

놀다 遊ぶ

자 다					

자다 眠る

쉬 다					

쉬다 休む

쓰 다					

쓰다 書く

듣 다					

듣다 聞く

⟨22⟩ 움직임 말(3)
[動作を表す言葉 (3)]

월   일

■ 다음을 쓰는 순서에 맞게 따라 쓰세요.
　(以下の単語を書き順を守って書き取ってみましょう。)

닫 다					
켜 다					
서 다					
앉 다					
끄 다					

닫다 閉める

켜다 オンにする

서다 立つ

앉다 座る

끄다 オフにする

제6장 주제별 낱말 • **127**

22 움직임 말(3)
[動作を表す言葉 (3)]

월   일

■ 다음을 쓰는 순서에 맞게 따라 쓰세요.
（以下の単語を書き順を守って書き取ってみましょう。）

열다 開く	열 다				
나오다 出る	나 오 다				
배우다 学ぶ	배 우 다				
들어가다 入る	들 어 가 다				
가르치다 教える	가 르 치 다				

22 움직임 말(3)
[動作を表す言葉 (3)]

월   일

■ 다음을 쓰는 순서에 맞게 따라 쓰세요.
(以下の単語を書き順を守って書き取ってみましょう。)

부르다 呼ぶ

부	르	다				

달리다 走る

달	리	다				

기다 這う

기	다					

날다 飛ぶ

날	다					

긁다 引っ搔く

긁	다					

22 움직임 말(3)

[動作を表す言葉 (3)]

월   일

■ 다음을 쓰는 순서에 맞게 따라 쓰세요.
(以下の単語を書き順を守って書き取ってみましょう。)

찍 다					
벌 리 다					
키 우 다					
갈 다					
닦 다					

찍다 撮る

벌리다 広げる

키우다 育てる

갈다 取り換える

닦다 拭く

■ 다음을 쓰는 순서에 맞게 따라 쓰세요.
 (以下の単語を書き順を守って書き取ってみましょう。)

개							
대							
척							
송이							
그루							

개 個

대 台

척 隻

송이 輪

그루 株

세는 말(단위)

[数え方(単位)]

월　일

■ 다음을 쓰는 순서에 맞게 따라 쓰세요.
(以下の単語を書き順を守って書き取ってみましょう。)

상 자					
봉 지					
장					
병					
자 루					

상자 箱

봉지 袋

장 枚

병 本(ビン)

자루 本(棒状のもの)

23 세는 말(단위)
[数え方(単位)]

월   일

■ 다음을 쓰는 순서에 맞게 따라 쓰세요.
  (以下の単語を書き順を守って書き取ってみましょう。)

벌						
결	레					
권						
마	리					
잔						

벌 着

켤레 足

권 冊

마리 匹

잔 杯

세는 말(단위)

[数え方(単位)]

월   일

■ 다음을 쓰는 순서에 맞게 따라 쓰세요.
(以下の単語を書き順を守って書き取ってみましょう。)

채						
명						
통						
가 마						
첩						

채 軒

명 名

통 本(一定の容積)

가마 俵

첩 包

월 일

■ 다음을 쓰는 순서에 맞게 따라 쓰세요.
(以下の単語を書き順を守って書き取ってみましょう。)

많	다					
적	다					
크	다					
작	다					
비	싸	다				

많다 多い

적다 少ない

크다 大きい

작다 小さい

비싸다 高い

■ 다음을 쓰는 순서에 맞게 따라 쓰세요.
　(以下の単語を書き順を守って書き取ってみましょう。)

싸	다				
길	다				
짧	다				
빠	르	다			
느	리	다			

싸다 安い

길다 長い

짧다 短い

빠르다 速い

느리다 遅い

24 꾸미는 말(1)
[形容する言葉 (1)]

■ 다음을 쓰는 순서에 맞게 따라 쓰세요.
　(以下の単語を書き順を守って書き取ってみましょう。)

굵다					
가늘다					
밝다					
어둡다					
좋다					

굵다 太い

가늘다 細い

밝다 明るい

어둡다 暗い

좋다 良い

25 꾸미는 말(2)
[形容する言葉 (2)]

월   일

■ 다음을 쓰는 순서에 맞게 따라 쓰세요.
 (以下の単語を書き順を守って書き取ってみましょう。)

맵	다				
시	다				
가	볍	다			
좁	다				
따	뜻	하	다		

맵다 辛い

시다 すっぱい

가볍다 軽い

좁다 狭い

따뜻하다 暖かい

■ 다음을 쓰는 순서에 맞게 따라 쓰세요.
（以下の単語を書き順を守って書き取ってみましょう。）

짜	다				
쓰	다				
무	겁	다			
깊	다				
차	갑	다			

짜다 しょっぱい

쓰다 苦い

무겁다 重い

깊다 深い

차갑다 冷たい

25 꾸미는 말(2)
[形容する言葉(2)]

월   일

■ 다음을 쓰는 순서에 맞게 따라 쓰세요.
(以下の単語を書き順を守って書き取ってみましょう。)

달	다				

달다 甘い

싱	겁	다			

싱겁다 味が薄い

넓	다				

넓다 広い

얕	다				

얕다 浅い

귀	엽	다			

귀엽다 可愛い

26 기분을 나타내는 말
[気分を表す言葉]

월   일

■ 다음을 쓰는 순서에 맞게 따라 쓰세요.
　(以下の単語を書き順を守って書き取ってみましょう。)

기	쁘	다					
슬	프	다					
화	나	다					
놀	라	다					
곤	란	하	다				

기쁘다 嬉しい

슬프다 悲しい

화나다 怒る

놀라다 驚く

곤란하다 困る

26 기분을 나타내는 말
[気分を表す言葉]

월   일

■ 다음을 쓰는 순서에 맞게 따라 쓰세요.
　(以下の単語を書き順を守って書き取ってみましょう。)

궁	금	하	다				

궁금하다 知りたい

지	루	하	다				

지루하다 つまらない

부	끄	럽	다				

부끄럽다 恥ずかしい

피	곤	하	다				

피곤하다 疲れた

신	나	다					

신나다 楽しい

27

높임말 [尊敬語]

월   일

■ 다음을 쓰는 순서에 맞게 따라 쓰세요.
　(以下の単語を書き順を守って書き取ってみましょう。)

집							
댁							
밥							
진	지						
병							
병	환						
말							
말	씀						
나	이						
연	세						

집 家 → **댁** 御宅

밥 ご飯 → **진지** お食事

병 病 → **병환** ご病気

말 言葉 → **말씀** 御言葉

나이 年 → **연세** ご年齢

높임말 [尊敬語]

월   일

■ 다음을 쓰는 순서에 맞게 따라 쓰세요.
  (以下の単語を書き順を守って書き取ってみましょう。)

생	일					
생	신					
있	다					
계	시	다				
먹	다					
드	시	다				
자	다					
주	무	시	다			
주	다					
드	리	다				

생일 誕生日 → 생신 お誕生日

있다 いる → 계시다 いらっしゃる

먹다 食べる → 드시다 召し上がる

자다 眠る → 주무시다 おやすみになる

주다 あげる → 드리다 差し上げる

28 소리가 같은 말(1)

[同音異義語 (1)]

월   일

■ 다음을 쓰는 순서에 맞게 따라 쓰세요.
（以下の単語を書き順を守って書き取ってみましょう。）

눈					
발					
밤					
차					
비					

눈 目 (단음)   눈 雪 (장음)

발 足 (단음)   발 簾 (장음)

밤 夜 (단음)   밤 栗 (장음)

차 車 (단음)   차 お茶 (단음)

비 雨 (단음)   비 ほうき (단음)

소리가 같은 말(1)

[同音異義語(1)]

월　　일

■ 다음을 쓰는 순서에 맞게 따라 쓰세요.
　(以下の単語を書き順を守って書き取ってみましょう。)

말					
벌					
상					
굴					
배					

말 馬 (단음)　　말 言葉 (장음)

벌 罰 (단음)　　벌 蜂 (장음)

상 卓 (단음)　　상 賞 (단음)

굴 カキ (단음)　　굴 洞窟 (장음)

배 船 (단음)　　배 お腹 (단음)

소리가 같은 말(1)

[同音異義語 (1)]

■ 다음을 쓰는 순서에 맞게 따라 쓰세요.
　(以下の単語を書き順を守って書き取ってみましょう。)

다리 橋 (단음)　　**다리** 脚 (단음)

새끼 動物の子 (단음)　　**새끼** 縄 (단음)

돌 石 (장음)　　**돌** 1歳の誕生日 (단음)

병 病 (장음)　　**병** ビン (단음)

바람 風 (단음)　　**바람** 望み (단음)

다리

새끼

돌

병

바람

29 소리가 같은 말(2)

[同音異義語 (2)]

월   일

■ 다음을 쓰는 순서에 맞게 따라 쓰세요.
(以下の単語を書き順を守って書き取ってみましょう。)

깨다 目覚める (장음)   깨다 割る (단음)

묻다 埋める (단음)   묻다 尋ねる (장음)

싸다 安い (단음)   싸다 排泄する (단음)

세다 数える (장음)   세다 強い (장음)

차다 冷たい (단음)   차다 いっぱいだ (단음)

깨	다			
묻	다			
싸	다			
세	다			
차	다			

소리가 같은 말(2)

[同音異義語 (2)]

월   일

■ 다음을 쓰는 순서에 맞게 따라 쓰세요.
　(以下の単語を書き順を守って書き取ってみましょう。)

맞다 正解だ (단음)

맞다 殴られる (단음)

맡다 預かる (단음)

맡다 嗅ぐ (단음)

쓰다 書く (단음)

쓰다 苦い (단음)

맞 다				
맡 다				
쓰 다				

월   일

■ 다음을 쓰는 순서에 맞게 따라 쓰세요.
　(以下の単語を書き順を守って書き取ってみましょう。)

어 흥					
꿀 꿀					
야 옹					
꼬 꼬 댁					
꽥 꽥					

어흥

꿀꿀

야옹

꼬꼬댁

꽥꽥

30 소리를 흉내 내는 말

[擬音語]

월   일

■ 다음을 쓰는 순서에 맞게 따라 쓰세요.
（以下の単語を書き順を守って書き取ってみましょう。）

붕							
매 앰							
부 르 릉							
딩 동							
빠 빠							

붕

매앰

부르릉

딩동

빠빠

부록   Appendix

■ 안녕하세요! K-한글(www.k-hangul.kr)입니다.
'외국인을 위한 기초 한글 배우기' 1호 기초 편에서 다루지 못한 내용을 부록 편에
다음과 같이 **40가지 주제별로** 수록하니, 많은 이용 바랍니다.

번호	주제	번호	주제	번호	주제
1	**숫자**(50개) Number(s)	16	**인칭 대명사**(14개) Personal pronouns	31	**물건 사기**(30개) Buying Goods
2	**연도**(15개) Year(s)	17	**지시 대명사**(10개) Demonstrative pronouns	32	**전화하기**(21개) Making a phone call
3	**월**(12개) Month(s)	18	**의문 대명사**(10개) Interrogative pronouns	33	**인터넷**(20개) Words related to the Internet
4	**일**(31개) Day(s)	19	**가족**(24개) Words related to Family	34	**건강**(35개) Words related to health
5	**요일**(10개) Day of a week	20	**국적**(20개) Countries	35	**학교**(51개) Words related to school
6	**년**(20개) Year(s)	21	**인사**(5개) Phrases related to greetings	36	**취미**(28개) Words related to hobby
7	**개월**(12개) Month(s)	22	**작별**(5개) Phrases related to bidding farewell	37	**여행**(35개) Travel
8	**일(간), 주일(간)**(16개) Counting Days	23	**감사**(3개) Phrases related to expressing gratitude	38	**날씨**(27개) Weather
9	**시**(20개) Units of Time(hours)	24	**사과**(7개) Phrases related to making an apology	39	**은행**(25개) Words related to bank
10	**분**(16개) Units of Time(minutes)	25	**요구, 부탁**(5개) Phrases related to asking a favor	40	**우체국**(14개) Words related to post office
11	**시간**(10개) Hour(s)	26	**명령, 지시**(5개) Phrases related to giving instructions		
12	**시간사**(25개) Words related to Time	27	**칭찬, 감탄**(7개) Phrases related to compliment and admiration		
13	**계절**(4개) seasons	28	**환영, 축하, 기원**(10개) Phrases related to welcoming, congratulating and blessing		
14	**방위사**(14개) Words related to directions	29	**식당**(30개) Words related to Restaurant		
15	**양사**(25개) quantifier	30	**교통**(42개) Words related to transportation		

MP3	주제	단어
	1. 숫자	1, 2, 3, 4, 5, / 6, 7, 8, 9, 10, / 11, 12, 13, 14, 15, / 16, 17, 18, 19, 20, / 21, 22, 23, 24, 25, / 26, 27, 28, 29, 30, / 31, 40, 50, 60, 70, / 80, 90, 100, 101, 102, / 110, 120, 130, 150, 천, / 만, 십만, 백만, 천만, 억
	2. 연도	1999년, 2000년, 2005년, 2010년, 2015년, / 2020년, 2023년, 2024년, 2025년, 2026년, / 2030년, 2035년, 2040년, 2045년, 2050년
	3. 월	1월, 2월, 3월, 4월, 5월, / 6월, 7월, 8월, 9월, 10월, / 11월, 12월
	4. 일	1일, 2일, 3일, 4일, 5일, / 6일, 7일, 8일, 9일, 10일, / 11일, 12일, 13일, 14일, 15일, / 16일, 17일, 18일, 19일, 20일, / 21일, 22일, 23일, 24일, 25일, / 26일, 27일, 28일, 29일, 30일, / 31일
	5. 요일	월요일, 화요일, 수요일, 목요일, 금요일, / 토요일, 일요일, 공휴일, 식목일, 현충일
	6. 년	1년, 2년, 3년, 4년, 5년, / 6년, 7년, 8년, 9년, 10년, / 15년, 20년, 30년, 40년, 50년, / 100년, 200년, 500년, 1000년, 2000년
	7. 개월	1개월(한 달), 2개월(두 달), 3개월(석 달), 4개월(네 달), 5개월(다섯 달), / 6개월(여섯 달), 7개월(일곱 달), 8개월(여덟 달), 9개월(아홉 달), 10개월(열 달), / 11개월(열한 달), 12개월(열두 달)
	8. 일(간), 주일(간)	하루(1일), 이틀(2일), 사흘(3일), 나흘(4일), 닷새(5일), / 엿새(6일), 이레(7일), 여드레(8일), 아흐레(9일), 열흘(10일), / 10일(간), 20일(간), 30일(간), 100일(간), 일주일(간), / 이 주일(간)
	9. 시	1시, 2시, 3시, 4시, 5시, / 6시, 7시, 8시, 9시, 10시, / 11시, 12시, 13시(오후 1시), 14시(오후 2시), 15시(오후 3시), / 18시(오후 6시), 20시(오후 8시), 22시(오후 10시), 24시(오후 12시)
	10. 분	1분, 2분, 3분, 4분, 5분, / 10분, 15분, 20분, 25분, 30분(반 시간), / 35분, 40분, 45분, 50분, 55분, / 60분(1시간)

MP3	주제	단어
	11. 시간	**반 시간**(30분), **1시간, 1시간 반**(1시간 30분), **2시간, 3시간,** / **4시간, 5시간, 10시간, 12시간, 24시간**
	12.시간사	**오전, 정오, 오후, 아침, 점심,** / **저녁, 지난주, 이번 주, 다음 주, 지난달,** / **이번 달, 다음날, 재작년, 작년, 올해,** / **내년, 내후년, 그저께**(이틀 전날), **엊그제**(바로 며칠 전), **어제**(오늘의 하루 전날), / **오늘, 내일**(1일 후), **모레**(2일 후), **글피**(3일 후), **그글피**(4일 후)
	13. 계절	**봄**(春), **여름**(夏), **가을**(秋), **겨울**(冬)
	14.방위사	**동쪽, 서쪽, 남쪽, 북쪽, 앞쪽,** / **뒤쪽, 위쪽, 아래쪽, 안쪽, 바깥쪽,** / **오른쪽, 왼쪽, 옆, 중간**
	15. 양사	**개**(사용 범위가 가장 넓은 개체 양사), **장**(평면이 있는 사물), **척**(배를 세는 단위), **마리**(날짐승이나 길짐승), **자루,** / **다발**(손에 쥘 수 있는 물건), **권**(서적 류), **개**(물건을 세는 단위), **갈래, 줄기**(가늘고 긴 모양의 사물이나 굽은 사물), / **건**(사건), **벌**(의복), **쌍, 짝, 켤레,** / **병, 조각**(덩어리, 모양의 물건), **원**(화폐), **대**(각종 차량), **대**(기계, 설비 등), / **근**(무게의 단위), **킬로그램**(힘의 크기, 무게를 나타내는 단위), **번**(일의 차례나 일의 횟수를 세는 단위), **차례**(단순히 반복적으로 발생하는 동작), **식사**(끼)
	16. 인칭 대명사	인칭 대명사 : 사람의 이름을 대신하여 나타내는 대명사. **나, 너, 저, 당신, 우리,** / **저희, 여러분, 너희, 그, 그이,** / **저분, 이분, 그녀, 그들**
	17. 지시 대명사	지시 대명사 : 사물이나 장소의 이름을 대신하여 나타내는 대명사. **이것, 이곳, 저것, 저곳, 저기,** / **그것**(사물이나 대상을 가리킴), **여기, 무엇**(사물의 이름), **거기**(가까운 곳, 이미 이야기한 곳), **어디**(장소의 이름)
	18. 의문 대명사	의문 대명사 : 물음의 대상을 나타내는 대명사. **누구**(사람의 정체), **몇**(수효), **어느**(둘 이상의 것 가운데 대상이 되는 것), **어디**(처소나 방향), **무엇**(사물의 정체), / **언제, 얼마, 어떻게**(어떤 방법, 방식, 모양, 형편, 이유), **어떤가?, 왜**(무슨 까닭으로, 어떤 사실에 대하여 확인을 요구할 때)
	19. 가족	**할아버지, 할머니, 아버지, 어머니, 남편,** / **아내, 딸, 아들, 손녀, 손자,** / **형제자매, 형, 오빠, 언니, 누나,** / **여동생, 남동생, 이모, 이모부, 고모,** / **고모부, 사촌, 삼촌, 숙모**
	20. 국적	**국가, 나라, 한국, 중국, 대만,** / **일본, 미국, 영국, 캐나다, 인도네시아,** / **독일, 러시아, 이탈리아, 프랑스, 인도,** / **태국, 베트남, 캄보디아, 몽골, 라오스**

MP3	주제	단어
	21. 인사	안녕하세요!, 안녕하셨어요?, 건강은 어떠세요?, 그에게 안부 전해주세요, 굿모닝!
	22. 작별	건강하세요, 행복하세요, 안녕(서로 만나거나 헤어질 때), 내일 보자, 다음에 보자.
	23. 감사	고마워, 감사합니다, 도와주셔서 감사드립니다.
	24. 사과	미안합니다, 괜찮아요!, 죄송합니다, 정말 죄송합니다, 모두 다 제 잘못입니다, / 오래 기다리셨습니다, 유감이네요.
	25. 요구, 부탁	잠시 기다리세요, 저 좀 도와주세요, 좀 빨리해 주세요, 문 좀 닫아주세요, 술 좀 적게 드세요.
	26. 명령, 지시	일어서라!, 들어오시게, 늦지 말아라, 수업 시간에는 말하지 마라, 금연입니다.
	27. 칭찬, 감탄	정말 잘됐다!, 정말 좋다, 정말 대단하다, 진짜 잘한다!, 정말 멋져!, / 솜씨가 보통이 아니네!, 영어를 잘하는군요. ※감탄사의 종류(감정이나 태도를 나타내는 단어) : 아하, 헉, 우와, 아이고, 아차, 앗, 어머, 저런, 여보, 야, 아니요, 네, 예, 그래, 애 등
	28. 환영,축하, 기원	환영합니다!, 또 오세요, 생일 축하해!, 대입 합격 축하해!, 축하드려요, / 부자 되세요, 행운이 깃드시길 바랍니다, 만사형통하시길 바랍니다, 건강하세요, 새해 복 많이 받으세요!
	29. 식당	음식, 야채, 먹다, 식사 도구, 메뉴판, / 세트 요리, 종업원, 주문하다, 요리를 내오다, 중국요리, / 맛, 달다, 담백하다, 맵다, 새콤달콤하다, / 신선하다, 국, 탕, 냅킨, 컵, / 제일 잘하는 요리, 계산, 잔돈, 포장하다, 치우다, / 건배, 맥주, 술집, 와인, 술에 취하다.
	30. 교통	말씀 좀 묻겠습니다, 길을 묻다, 길을 잃다, 길을 건너가다, 지도, / 부근, 사거리, 갈아타다, 노선, 버스, / 몇 번 버스, 정거장, 줄을 서다, 승차하다, 승객, / 차비, 지하철, 환승하다, 1호선, 좌석, / 출구, 택시, 택시를 타다, 차가 막히다, 차를 세우다, / 우회전, 좌회전, 유턴하다, 기차, 기차표, / 일반 침대석, 일등 침대석, 비행기, 공항, 여권, / 주민등록증, 연착하다, 이륙, 비자, 항공사, / 안전벨트, 현지시간

MP3	주제	단어
	31. 물건 사기	손님, 서비스, 가격, 가격 흥정, 노점, / 돈을 내다, 물건, 바겐세일, 싸다, 비싸다, / 사이즈, 슈퍼마켓, 얼마예요?, 주세요, 적당하다, / 점원, 품질, 백화점, 상표, 유명 브랜드, / 선물, 영수증, 할인, 반품하다, 구매, / 사은품, 카드 결제하다, 유행, 탈의실, 계산대
	32. 전화하기	여보세요, 걸다, (다이얼을)누르다, OO 있나요?, 잘못 걸다, / 공중전화, 휴대전화 번호, 무료 전화, 국제전화, 국가번호, / 지역번호, 보내다, 문자 메시지, 시외전화, 전화받다, / 전화번호, 전화카드, 통화 중, 통화 요금, 휴대전화, / 스마트폰
	33. 인터넷	인터넷, 인터넷에 접속하다, 온라인게임, 와이파이, 전송하다, / 데이터, 동영상, 아이디, 비밀번호, 이메일, / 노트북, 검색하다, 웹사이트, 홈페이지 주소, 인터넷 쇼핑, / 업로드, 다운로드, pc방, 바이러스, 블로그
	34. 건강	병원, 의사, 간호사, 진찰하다, 수술, / 아프다, 환자, 입원, 퇴원, 기침하다, / 열나다, 체온, 설사가 나다, 콧물이 나다, 목이 아프다, / 염증을 일으키다, 건강, 금연하다, 약국, 처방전, / 비타민, 복용하다, 감기, 감기약, 마스크, / 비염, 고혈압, 골절, 두통, 알레르기, / 암, 전염병, 정신병, 혈액형, 주사 놓다
	35. 학교	초등학교, 중학교, 고등학교, 중·고등학교, 대학교, / 교실, 식당, 운동장, 기숙사, 도서관, / 교무실, 학생, 초등학생, 중학생, 고등학생, / 대학생, 유학생, 졸업생, 선생님, 교사, / 교장, 교수, 국어, 수학, 영어, / 과학, 음악, 미술, 체육, 입학하다, / 졸업하다, 학년, 전공, 공부하다, 수업을 시작하다, / 수업을 마치다, 출석을 부르다, 지각하다, 예습하다, 복습하다, / 숙제를 하다, 시험을 치다, 합격하다, 중간고사, 기말고사, / 여름방학, 겨울방학, 성적, 교과서, 칠판, / 분필
	36. 취미	축구 마니아, ㅇㅇ마니아, 여가 시간, 좋아하다, 독서, / 음악 감상, 영화 감상, 텔레비전 시청, 연극 관람, 우표 수집, / 등산, 바둑, 노래 부르기, 춤추기, 여행하기, / 게임하기, 요리, 운동, 야구(하다), 농구(하다), / 축구(하다), 볼링(치다), 배드민턴(치다), 탁구(치다), 스키(타다), / 수영(하다), 스케이팅, 태권도
	37. 여행	여행(하다), 유람(하다), 가이드, 투어, 여행사, / 관광명소, 관광특구, 명승지, 기념품, 무료, / 유료, 할인티켓, 고궁, 경복궁, 남산, / 한국민속촌, 호텔, 여관, 체크인, 체크아웃, / 빈 방, 보증금, 숙박비, 호실, 팁, / 싱글룸, 트윈룸, 스탠더드룸, 1박하다, 카드 키, / 로비, 룸서비스, 식당, 뷔페, 프런트 데스크
	38. 날씨	일기예보, 기온, 최고기온, 최저기온, 온도, / 영상, 영하, 덥다, 따뜻하다, 시원하다, / 춥다, 흐린 날씨, 맑은 날, 비가 오다, 눈이 내리다, / 건조하다, 습하다, 가랑비, 구름이 많이 끼다, 보슬비, / 천둥치다, 번개, 태풍, 폭우, 폭설, / 황사, 장마
	39. 은행	예금하다, 인출하다, 환전하다, 송금하다, 예금주, / 예금통장, 계좌, 계좌번호, 원금, 이자, / 잔여금액, 비밀번호, 현금카드, 현금 인출기, 수수료, / 현금, 한국 화폐, 미국 달러, 외국 화폐, 환율, / 환전소, 신용카드, 대출, 인터넷뱅킹, 폰뱅킹

MP3	주제	단어
	40. 우체국	편지, 편지봉투, 소포, 부치다, 보내는 사람, / 받는 사람, 우편물, 우편번호, 우편요금, 우체통, / 우표, 주소, 항공우편, EMS

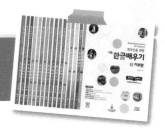

1. 영어로 한글배우기
Learning Korean in English

2. 베트남어로 한글배우기
Học tiếng Hàn bằng tiếng Việt

3. 몽골어로 한글배우기
Монгол хэл дээр солонгос
цагаан толгой сурах

4. 일본어로 한글배우기
日本語でハングルを学ぼう

5. 스페인어로 한글배우기(유럽연합)
APRENDER COREANO EN
ESPAÑOL

6. 프랑스어로 한글배우기
Apprendre le coréen en
français

7. 러시아어로 한글배우기
Изучение хангыля
на русском языке

8. 중국어로 한글배우기
用中文学习韩文

9. 독일어로 한글배우기
Koreanisch lernen auf Deutsch

'K-한글'의 세계화 www.k-hangul.kr

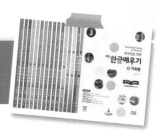

10. 태국어로 한글배우기
เรียนฮันกึลด้วยภาษาไทย

11. 힌디어로 한글배우기
हिंदी में हंगउल सीखना

12. 아랍어로 한글배우기
تعلم اللغة الكورية بالعربية

13. 페르시아어로 한글배우기
یادگیری کره‌ای از طریق فارسی

14. 튀르키예어로 한글배우기
Hangıl'ı Türkçe Öğrenme

15. 포르투칼어로 한글배우기
Aprendendo Coreano em
Português

16. 스페인어로 한글배우기(남미)
Aprendizaje de coreano en
español

일본인을 위한 기초 한글 배우기

한글배우기 ❶ 기초편

2024년 12월 10일 초판 1쇄 발행

발행인 | 배영순
저자 | 권용선(權容璿), 著者 : クォン・ヨンソン
펴낸곳 | 홍익교육, 出版社 : 大韓民国 弘益教育
기획·편집 | 아이한글 연구소
출판등록 | 2010-10호
주소 | 경기도 광명시 광명동 747-19 리츠팰리스 비동 504호
전화 | 02-2060-4011
홈페이지 | www.k-hangul.kr
E-mail | kwonys15@naver.com
정가 | 14,000원
ISBN 979-11-88505-49-4 / 13710